天津市哲学社会科学规划研究项目成果

南开大学校史丛书

总主编 刘景泉

南开忆往

李万华 口述

徐 悦 采访整理

南開大學出版社

天 津

图书在版编目(CIP)数据

南开忆往 / 李万华口述 ; 徐悦采访整理. —天津:南开大学出版社, 2021.10

(南开大学校史丛书 / 刘景泉总主编)

ISBN 978-7-310-06130-3

Ⅰ. ①南… Ⅱ. ①李… ②徐… Ⅲ. ①南开大学—校史 Ⅳ. ①G649.282.1

中国版本图书馆 CIP 数据核字(2021)第 182461 号

南开忆往

NANKAI YIWANG

南开大学出版社出版发行

出版人:陈 敬

地址:天津市南开区卫津路 94 号 邮政编码:300071

营销部电话:(022)23508339 营销部传真:(022)23508542

https://nkup.nankai.edu.cn

北京虎彩文化传播有限公司印刷 全国各地新华书店经销

2021 年 10 月第 1 版 2021 年 10 月第 1 次印刷

210×148 毫米 32 开本 6.375 印张 2 插页 128 千字

定价:45.00 元

如遇图书印装质量问题,请与本社营销部联系调换,电话:(022)23508339

目　录

引言：辗转求学路

我的家庭

我出生于 1923 年 11 月（旧历十月），是贵州省瓮安县人。家中兄弟三人，我是老大。我家祖上是大地主，我的祖父是个文职，二祖父是举人。我的大伯父早年到北京求学，回老家后当了县长，是个清官，在我出生那年去世了。我原名叫李万德，为了纪念大伯父，改名为李万华。我的父亲毕业于一所政法学校，红军长征后便离开了家，后来在四川又另娶妻置家，做生意。

李家就像巴金小说《家》中所写的那样，逐渐败落了。那时，家家抽鸦片，街上到处开烟馆，年轻人也抽大烟，小孩感冒了用喷烟治疗，有时还给点烟膏，有麻醉作用。家家互相攀比，看谁家的烟灯好、谁家的烟膏好。鸦片之害在当地很普遍。

早年求学经历

抗日战争爆发那一年，我在贵阳达德中学念初中，这所学校是王若飞同志的母校，我只念了一年。战争爆发后，贵阳待不住了，我转学到贵州瓮安中学，读了三年初中，毕业后升入贵阳高级中学，读了三年高中。

在贵阳高中毕业后，我报考了在贵阳刚刚成立的贵州大学工学院机电系。当时国民政府鼓励青年人学工科，规定读工科和师范的学生给以公费资助。我数理化学得较好，想当工程师，刚好我的表哥大学毕业后在贵州大学注册组工作，我便听从表哥的建议，报名读贵州大学先修班，后来升入贵州大学机电系。

当时我只想着学工科有公费，后来才知道，学工科是需要投资的。虽然学费可免，吃饭靠公费，但原版外文课本、上制图课需要的制图仪器、计算尺、绘图板等都要自费购买，我家境贫穷，支付不了昂贵的费用。那时，我的两个弟弟也要入学，家里只有靠母亲织土布、种菜卖菜赚的钱来养我们兄弟三人，我实在无法，只能休学回家。

休学后，我先到瓮安中学教了半年书，因收入不多，便回到家乡种地，种的是美烟，即美国种的烟叶子。大约一年后，因上学无路，我便决定去四川找我的父亲，请他设法资助学费。我到四川后，父亲让我在他家中帮忙看店铺、记账、收账。干了一年后，我对父亲说，我要回去继续上学。他资助我路费和一个月伙食费，我到了重庆，准备报考大学。

与《新华日报》结缘

受表哥的影响，我对《新华日报》很有感情。我上初中、高中时，都是表哥带着我，上贵州大学也是他帮的忙。我的表哥王齐方是“民先”(全称是“中国民主抗日先锋队”)成员，我上初中时，表哥经常给我讲《新华日报》上面的内容，有时也会给我看看报头。抗战初期，国共两党合作，“民先”等组织是合法的。有一次国民党搞阴谋诡计，召集参加“民先”等组织的进步青年开会，会后将这些进步青年全部逮捕，我的表哥也被抓了。国民党让他们写“悔过书”，保证再也不参加“共运”活动。我四舅是国民党少将，刚从抗日前线回来，把表哥保了出来。但因为有这个经历，表哥一直没有被吸收入党。他曾经想去延安，到重庆后因为晕车严重，无法继续前行，又回去了。后来，他成为民主人士，新中国成立后一直当中学校长。

《新华日报》在后方影响很大。那时国民党伪装民主，允许《新华日报》在重庆市区内发行，但规定只能在市区，出了重庆市区即被认为是非法刊物，抓到读报、卖报的人，轻则坐监，重则杀头。在重庆市区内，《新华日报》到处张贴，也不用花钱买，我就去读。报童经常被警察驱逐、殴打，为此，周总理当年曾亲自带头上街卖报，反对国民党虐待报童的行为。在重庆报考大学期间，我曾给《新华日报》写过求职信，希望为报社卖报，自然是没有回音。后来，我到南开大学报到后，第一次去图书馆就看见了《新华日报》，心里非常高兴，经常到图书馆去看报。

传看《新华日报》事件

我离开重庆回老家前，找到在重庆工作的高中同学谢怀彦，请他帮我订《新华日报》，外面用《中央日报》裹上，寄到我的老家。为确保安全，我看过《新华日报》后，就把它糊在墙上，外面再贴上《中央日报》，我老家有这种糊墙防风的做法。亲戚朋友来我家，我就揭开报纸给他们看。结果，寄回的《新华日报》被国民党邮政检查时发现了。当地三青团头子认得我的一个亲戚，他放出口风：李万华传阅《新华日报》，是孙猴子要大闹天宫！我要让他到我这里来练一练，看他是不是共产党。我知道这个消息后，赶紧写信给重庆的同学，让他不要再给我订《新华日报》了，改订《大公报》。

那年春节，瓮安县三青团头子把我请去家里喝春酒。他跟我说，三青团办了一份报纸《新力》，每个月出一期，让我去帮忙编报纸。我一听，知道是《新华日报》的事。因我事先已经有思想准备，就回答说，我正在为上学做准备，要我帮忙的话，我只干三个月，三个月后我要去上大学。三青团头子说可以。之后，我一共帮《新力》编辑了三期报纸，石印版，内部发行。其间，我写了一篇关于“北塔山事件”的文章发表在《新力》上。当时，苏联在内蒙古训练军队，意图侵占北塔山，我就以《注视北疆》为题写了篇文章，提出要抵抗苏联的侵略。在 20 世纪 50 年代“反苏就是反共”的政治氛围下，我当年写的这篇文章就成了我“反革命”的证据。

我的高中同学谢怀彦

我的高中同学谢怀彦毕业于浙江大学电机系，我在重庆考学时帮了我很多忙。我考上南开大学后，他调到北京工作，帮我到南开办理保留学籍手续，到天津时正好碰上“五二〇”学生运动，他就把南开大学学生运动的材料寄给了我。当时我对南开大学并不了解，有人说南开是贵族学校，穷学生读不起。但谢怀彦鼓励我到南开上学，并建议我实在不行就去解放区。这也是我坚持一定要到北方求学的原因，我当时就想，到南开大学后，能读书就读书，不能读书就投奔解放区。我到南开上学后，谢怀彦还不断地在经济上接济我，对此，我十分感念。

初入南开与大学生活

报考西南联大

1946年暑期，全国10万余青年集中在重庆，准备考大学。那时没有联考，各个大学分别招生，考生们可以依次去考，考上哪个大学就上哪个大学。我先报考了交大工科，没有考上。那时工科公费已被取消了，我想工科就算考取了，还是上不起，于是决定改报西南联大文科。报考时，我对南开大学并不了解，只知道西南联大是民主堡垒，昆明的物价是全国最高的。由于南开大学哲学教育系（简称哲教系）等同师范校待遇，有公费，我便决定报考哲教系。

报名及考试地点就在重庆南开中学。重庆南开中学办得水平很高，校内建筑比重庆大学、中央大学（现南京大学，当时在重庆）都要好，厕所是西式的，铺了瓷砖，有冲水设备，在当时是很先进的。由于考生众多，各学校都住满了人，有钱的考生能在茶馆租个椅子过夜。我在同学的帮助下，在重庆大学学生宿舍厕所旁边的走廊上找到一块空地，席子往地上一铺就住了下来。

据当时各大学公布的报考人数，当年报考南开大学哲教系的考生有 700 人之多。考试时，我高烧 41℃，晕头转向，靠同学帮我找来的八卦丹、万金油勉力支撑。文科题目我答得不好，考政治的题目是关于蒋介石写的《中国之命运》，我根本没有读过，答不出来。好在我的数理化基础不错，而且文科数理化的考题比工科要简单得多。最后，我作为三名试读生之一被录取了。

1946 年 5 月 4 日，西南联大正式宣布结束，三校北返复校。那时还在打仗，交通不便，三校北返很费劲，用了好几个月时间。我亲眼看到过长江上南下的船翻了，人们就抢东西不救人，旧社会就是这样。北大、清华、南开三校复校后，还实行联合招生好几年，成立联合招生办公室，考生就只能填报一个志愿学校。

我考学后，身上的钱都用光了，无力南下昆明，更无力北上天津，便从在重庆的四舅处借了三块大洋做路费，辗转回到老家。幸好家里还有一些耕地，我就和母亲商议，将地卖掉，筹备了一年，凑出了北上天津求学的费用。

南开初印象

1947 年 7 月，我和另外两位到北方上学的青年结伴，离开了家乡，整整走了一个月，终于到达了天津。我在天津后来被称为解放桥的码头上岸后，正好碰到一个南开大学先修班的学生，他把我带到南开大学北院安顿了下来。

我到注册组完成了报到，学号是3556，表示民国三十五年（1946 年）第 56 号，文科学生学号排在理科学生前面。我们那时的学生证就是一张纸，不像现在的这样讲究，上面写着姓名、学号、院系。学号没有重复的，当年周总理在南开大学读书时的学号是 62 号。1949 年以前学生在学校里出大字报，怕国民党特务照相，署名就署学号，学号是保密的，教务处不让人随便查。

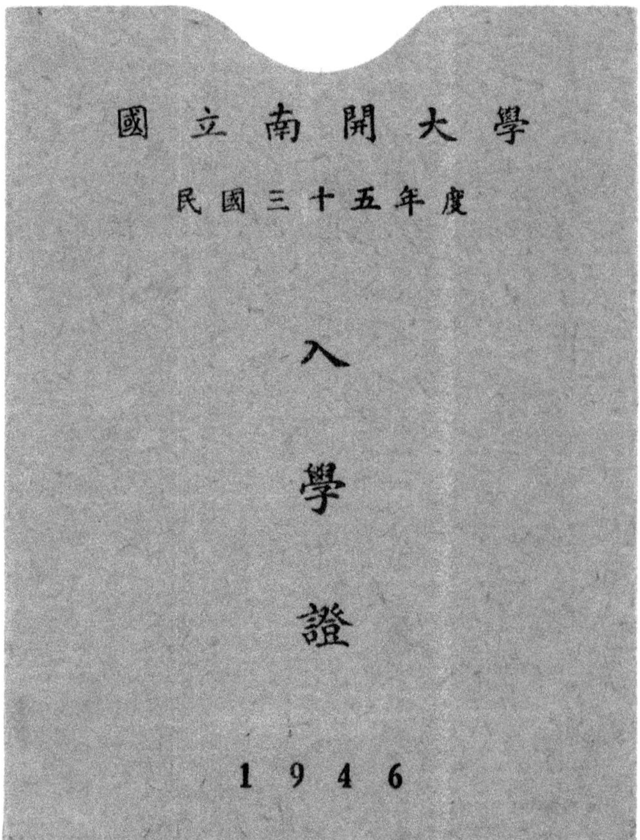

李万华的南开大学入学证

南开复校之初的生源包括：1946年在天津招收的一批先修班学生，1947年升入一年级；北京临时联合大学分配了部分学生到南开来；另外还有从西南联大回到南开的少数学生。从学号排列规律中我发现，跟我一起在重庆考学的学生没有一个来南开报到。我想其中一个现实原因就是当时在打仗，交通问题难以解决，像我这样家里当田卖地，路上走了一个月来南开的，恐怕也是极少数了。

“一校三院”的校址格局

南开复校时，学校几乎就是一片废墟，校园内没有图书馆、实验室，学生宿舍也是在接收的房子里。在老一辈南开人的苦心经营下，南开大学复校后逐步形成了“一校三院”的格局，包括位于八里台的南院、六里台的北院和迪化道（今鞍山道）的东院。

复校后，南院里相继修复了胜利楼、思源堂、芝琴楼、东柏树村和西柏树村的教职工住宅。芝琴楼是女生宿舍。东柏树村就是现在的东村，当时是教授住宅，杨石先、吴大任等校领导都曾住在那里。西柏树村是现在谊园、专家楼那片地方，当时也是教师用房。思源堂前有一片空地，学生集会、演讲等活动就在那儿举行。

北院校址是复校后接收的日伪敌产，主要作为学生宿舍。最初，文学院全体学生和理学院、工学院的男生住在北院，理、工二学院的女生住在南院东柏树村一所教授住宅里，后来逐步调整，芝琴楼修复后女生都集中住在那里。

男生上课要从北院走到南院，北院到南院之间的大片土地当时都划拨给了南开大学，大多是荒地和水坑，那时，学校还没有能力进行开发建设。我记得，在两院之间靠近墙子河的一条土路旁还专门盖了几间小房，作为患肺病学生的隔离宿舍。经济研究所从重庆迁回天津后，最初也设在北院的一栋二层小楼内，新中国成立之后，曾一度从北院迁到柳州路上的一所别墅内。

位于八里台南院的南开大学桥

北院内有一个和平湖，夏天可以游泳、划船，冬天可以滑冰。划船也是一个体育项目，学生可凭学生证租船，很多中学生也常常到北院来玩。湖旁有一处体育场，是上体育课的场所，南开历来重视体育，体育课不算学分，但体育不及格不能毕业。那时北方的冬季比现在寒冷得多，最冷时可达到零下二十几摄氏度，校园内水坑多，冬天结厚冰时，住在万德庄的农民就到水坑里凿冰，用土和稻草覆盖加以储存，到夏天时靠卖冰赚钱。

八里台南院内的胜利楼

东院也是接收的日伪敌产，接收之初一直被美军占领，南开大学学生只能集中在北院住。1946 年 12 月发生了驻北平美军士兵强奸北京大学女生沈崇的事件，在全国范围内引发了抗议美军暴行的学生运动。南开大学学生也群起响应，赶走美军，收回了东院。当时经济系有位同学叫何自强，曾当过美军翻译官，他带领大家用英语喊口号“美军滚出去”。东院收回后，政经学院就设在东院。东院的山字大楼战时是日本人的一所学校，校舍、设备比较齐全，院内还有一个游泳池。东院隔壁就是南开女中。

位于六里台北院内的南开经济研究所

北院内的和平湖和男生宿舍

南开大学东院山字大楼，抗战时期为日本商业学校

游览八里台

南开大学南院坐落在八里台，距离老天津鼓楼八里地，天津话叫“八里台子”。我那时喜欢到学校外面四处转转，对学校周边环境比较熟悉。当年，在现八里台邮局那片地方有一幢小小的庭院别墅，有个别致的名字叫“桥东小筑”，是韩国资本家捐赠给老校长张伯苓的。在河沿边上，有一个韩国人开的工厂，还有一座楼因形状像英文字母 F，因而被叫作“F 楼”。楼旁有一片平房，是南开大学职工宿舍，叫“南园”，也是韩国人捐给老校长张伯苓的。后来修八里台桥时，住在南园的职工便搬到第一中心医院附近的荣迁里了。

在南院东南角东柏树村靠近墙子河处，原有一处不小的院落，带厢房，叫“高家大院”，从前是个地主的宅子，后来高仰云任南开大学党委书记时曾住在那里。至于高家大院是因为地主姓高，还是因为高仰云曾在那里居住而得名，就无从可考了。后来，因修桥、扩宽河道，高家大院这片地被占用了，南开大学校园又向里缩进了一块。

那时，八里台十字路口旁有一个小土坡，台子不大，上面有一些住家、小商铺，排放的脏水顺着高台就直接流到下面的马路上。当时天津工业少，污染不大，河水很清。河里有小船，有船民经营。夏天时，在船上铺上白布单，放上小枕头，可划船到青龙潭（今水上公园一带）去玩。青龙潭遍地芦苇，风光很好，但后来常有土匪出没，就没人敢去了。当年，南院沿着河边的河堤上都是国民党军队修建的碉堡和铁丝网，现在学校南门附近还存留着一个碉堡。

复校后南开学子在学校周边划船游玩

艰苦而丰富的大学生活

我是作为试读生被南开大学录取的。南开对学生的管理很严格，按照规定，试读生入学第一年考试成绩平均分在 75 分以上，方可转为正式生。所以，我在入学后的第一年认真学习，顺利转为正式生。当时学校规定，文科学生要选一门理科的课，理科学生要选一门文科的课，我选修了理科的生物学，还选修了滕维藻先生的经济学。学经济学要有一定的数学基础，我从高中时就学了简单微积分，后来又在工学院学习过一段时间，所以这门课学起来比较轻松，结课时还得了这门课的最高分 78 分。后来，滕维藻先生曾对人说："李万华经济学学得不错嘛！"

南开的社团组织很多，活动也很丰富，这是南开的传统，学校鼓励学生参加社团活动，锻炼自己的能力。我上学时参加了好几个社团，有哲教学会、南雁社、南星合唱团。南雁社是社团联合会的核心，很多地下党员、进步青年都参加南雁社，包括胡公达、冯友兰的女儿冯钟璞、李鑫、华雁以及我的入党介绍人杨思复等。新中国成立之前，学生运动很频繁，签名、罢课、抗议、游行等都是各个社团联合发起，签名学生人数超过二分之一，就可以罢课。

当年我就是个穷学生，到南开后，生活很艰苦。幸好哲教系是公费，每个月发一袋面粉，可抵伙食费，基本解决了我的吃饭问题。那时白面很贵，我每月仅以半袋面粉入伙，富余的面粉换成钱，买些笔墨纸张等用品。当时，面粉是唯一的价格标准，去北京的火车票价格有时相当于两根油条，尽管物价飞涨，但火车票价格涨得慢，相对稳定。

那时天津的冬季十分寒冷，气温很低，风也很大，我在南方老家做的棉袄很薄，难以御寒，风一吹就打透了。我记得有一年冬天，学校派发救济物资（其实都是美国人不要的垃圾），大家抽签领取，结果我抽到了一双高跟鞋，哭笑不得。家里也时常给我寄钱，但天津的物价比老家的物价高好几倍，而且物价涨得很快，家里人辛苦攒的钱对我而言就是杯水车薪。

从哲教系转入经济系

天津市军管会接管学校后，哲学教育系开设的心理学等课程被认为是唯心论、反动课程，在 1949 年 6 月被取消了，哲教系学生可转入清华、北大和北师大。我当时正在读哲教系二年级，曾想转学去清华大学，但因担任南开大学地下党支部书记，不能离开，于是决定转入经济系。

我找到经济系系主任申请转系，他告诉我，我在哲教系修的教育学、逻辑学等课程学分，经济系不予承认，但选修的经济学、生物学课程学分可予以承认，因为经济系学生也要选修一门自然科学课程。这样的话，如果我直接升入经济系三年级，每年需要修 30 个学分才能顺利毕业，压力太大，也不符合学校规定，于是我降了一年级，转入经济系二年级开始学习，直到 1951 年留校工作。

南开大学的共产党地下组织与活动

加入共产党

刚到南开大学时，我一度以为校内绝对没有共产党员，在我心目中，党员就应该像周总理那样。当时，南开大学各系都有学会，哲教学会的负责人、我的同班同学杨思复是中共地下党员。我参加哲教学会，经常给学会编的壁报写文章，文风仿照鲁迅先生的笔调，表达我对当局、时事、国民党的看法。杨思复见我表现积极进步，经过考察，发展我加入了民主青年同盟（简称“民青”）。加入“民青”后，因为生活困难，我曾向组织申请去解放区，组织上考虑到我没有暴露身份，没有批准我的申请，让我继续留在学校。

我是入党在前，宣誓在后。1948 年 7 月 1 日入党后，8 月份的一天（具体日期记不准），在南开大学南院的一片芦苇地中，就是现在校医院那块地方，地下党员王强带领我进行了秘密入党宣誓。在此之前，我并不知道王强是地下党员。杨思复事先告诉我当天有人来找我，接头暗号是什么，见了面我才知道是王强。

王强原名叫何修华，在南开大学中文系读书。他是刘焱同志的入党介绍人，二人都是中法大学的学生，中法大学是从昆明迁到北京的，他们的组织关系都在南方局。王强性格直爽，在中法大学时与支持国民党政府的学生做斗争，表现积极进步，出于安全考虑，组织安排他换个学校，才转入南开大学。他喜欢作诗，我们后来叫他“诗人”，他情感奔放，是个很好的同志。

南开大学地下党组织基本情况

1949 年前，南开大学地下党有两个大的系统：一个是“南系”党支部，归中共中央南方局（后为南京局、上海局）领导，刘焱任书记；一个是“北系”党支部，书记是沙小泉（原名刘芳庭）。北系人多，南系人少。

1948 年 11 月，按照上级决定，南开大学“南系”和“北系”地下党组织合并，成立了中共南开大学总支委员会，任命刘焱担任总支书记，下设 4 个分支，当时我们并不知道他的身份。我入党后，隶属于北院分支，分支支部书记是杨思复，两个分支委员，刘立娜负责宣传工作，我负责组织工作。后来，杨思复参加了南下工作团，他离校后，我接替他担任北院分支支部书记。

每年新生入学时，党员都有任务，每个党员负责联系几个新同学，我被指定联系丁佛恩。经过观察，我见丁佛恩表现积极，便发展他为“民青”，后发展为党员。当时北院一个外文系同学姜鼎铭（后改名为姜丁名）与王祖陶、魏宏运三人是另外一个系统的地下党员，一直处于秘密状态。王祖陶告诉我他的一个老乡是晋察冀边区党员，他到天津来借宿到王祖陶处，将王祖陶发展入党。王祖陶又发展了姜鼎铭和魏宏运，三人成立了晋察冀边区党小组，书记是王祖陶。由于姜鼎铭想发展丁佛恩，这个三人党小组才被发现。组织上让姜鼎铭写了个关于三人党小组建立及活动情况的详细报告交给我，逐级上报，然后上级党组织决定，将三人党小组合并了。

1949 年前，因斗争形势需要，党组织和“民青”联系紧密，由一个党员负责领导几个外围组织“民青”成员。党的外围组织是由各个地区党组织领导，来源不一样，名称也不同。南方局领导的外围组织叫“民青”，天津市地下党领导的叫“民联”，有的地区叫“民革”，我的表哥在贵州参加的叫“民先”。外围组织相当于青年团，1949 年后“民青”成员都转团了。

地下党组织与活动纪律

入党审查很严格，必须经过一定的程序，必须有介绍人，必须宣誓

这是当年我所了解的“南系”党支部的情况。知识分子入党，一般有半年的候补期，候补期间进行考察，合格后转为正式党员。青年学生必须先入“民青”，后入党。个别没有加入“民青”就直接入党的，是在学生运动中经过严格考验、经过上级批准的。这是非常个别的情况，一般不存在这个问题。

入党必须有直接联系的介绍人，党员的入党介绍人（必须是正式党员）一般同时也是其上线领导。我的入党介绍人是杨思复，他也是我的上线领导。1949 年后，党员正式填表需要两个入党介绍人，杨思复的上级是刘焱，他们两人就共同作为我的入党介绍人。

入党必须宣誓。就算当时条件不允许，党员入党没有宣誓，后来也得补上这一课。新中国成立初对宣誓仪式的管理比较松，但没有进行个别宣誓的党员后来都进行了集体宣誓。入党必须要举行宣誓仪式，表示党员对党的纪律和组织原则严格遵守。

入党的第一件事，就是进行党的纪律教育、气节教育

从参加“民青”时，党组织就开始给我讲关于组织的性质、组织纪律、地下工作的守则和规矩，进行气节教育，加强组织观念。在当时残酷的敌我斗争形势下，严守组织纪律，保守组织秘密，是铁的纪律，绝不能违反。当年我们共产党为什么打不垮？就是因为组织严密，且有铁的纪律作保证。我参加工作后，凡需保密的党内情况，回家对爱人也不能说。

地下党组织实行严格的纵向单线联系

1949 年前的党组织和“民青”联系紧密，由一个党员联系几个“民青”，实行纵向单线联系，没有横向联系，这样做是以防一人被逮捕致使整个党组织遭到破坏。当时，我只知道我的上线是杨思复和我下线联系的几个“民青”，他们彼此间都不知道。有段时间我曾和刘焱在同一宿舍生活，经常在一起活动，他知道我是地下党员，但我根本不知道他就是南开大学地下党总支书记，直到天津解放后地下党员开会才知道他的真实身份。

为确保党组织安全，规定青年学生只能参加一个党的外围组织，比如参加了“民青”，就绝不能再参加“民联”，否则就是非组织活动。因为党组织实行严格的单线联系，同时参加两个外围组织，实际上是暴露了组织。为防止敌人混入和破坏，参加党的外围组织成员身份也是保密的。

往解放区输送人是性命攸关的事，绝非易事，不能马虎

1949 年前，我党在大城市、大学里做知识分子工作，争取知识分子去解放区。南开大学有一个胡国定同志负责的地下交通站，从天津经沧县往解放区输送人。这个地下交通站是由南方局转到华北局，后由华北局直接领导，不属于南开大学地下党领导。输送人去解放区的每个环节都安排得非常之严密。此外，胡国定还专门有一个运输员，是个三轮车夫，送人去解放区时，他就让三轮车夫在后面跟踪，直到人顺利通过国民党当局设置的关口，这样，如果出了问题他马上就能知道，可以立即组织撤退。当时，不少民主人士通过胡国定的交通线去了解放区，南开大学地下交通站输送人没有失误过。

送人去解放区是一件很严肃的事情。我曾送过两个电机系同学去解放区，他们是我联系的“民青”，我只负责帮他们联系路线、化妆、传达联络暗号等环节，其他的一概不知。我记得，有两个我联系的中文系的党员要去解放区，都化好了妆，假身份证也准备好了，临走前，上级临时通知我，因这两个党员没有暴露，行动取消。

不是谁都能输送人去解放区。那时，我接办了南开大学北院的文化服务社，有一次到北京大学文化服务社取书，发现我的一个高中同学负责北大文化服务社。管理文化服务社的应该是党员，我们见面后就明白了，但彼此都心照不宣。后来，他介绍他联系的要去解放区的北大同学路过天津时到我这落脚，是知道我也是地下党员，比较可靠。我帮忙安排食宿、临行前化妆，但这种情况不能说人是我送走的，因为这不是上级交给我的任务，我只是帮朋友的忙。

严禁非组织活动，凡事都要向上级请示汇报

地下工作是很严密、秘密的，铁的纪律不能打破，铁的规矩不能打破。那时，我的高中同学谢怀彦在北京电信局任工程师，我想，电信局是个要害部门，我们党要是在要害部门有自己的党员就太好了。谢怀彦是个进步青年，我对他很了解，后来经过组织考察，我把他发展为党员。之后，我把他的组织关系通过上级转出去，我们就不再联系了，这样做是为了以防身份暴露牵连到对方，一直到中华人民共和国成立后我们才恢复联系。天津解放后，第一次全体地下党员开会，大家才知道周围谁是党员。当时地下党活动不能见文字，都是靠口传，联络都用暗号，那时特务多，就怕出问题。地下党工作纪律非常严格，不能有半点疏漏，否则整个党组织就可能遭到破坏。因为关系到身家性命，所以我们都非常小心，头脑也得清楚，一点不能含糊。

上述这些地下党工作的纪律和规矩，是党组织内部的一些章程，研究历史的人应该知道这些背景资料。

党的工作在不同群众团体中的开展

1949 年前，地下党通过社团实现对学生运动的领导，通过社团活动联系群众、教育群众。社团有进步的，有中间的，也有反动的。我记得在入学第一周，就有进步同学找我聊天，向我介绍学校各个社团的情况，以及社团里哪些人是进步的，哪些人是“棍子”（指加入国民党从事特务活动的学生）。我入党后才知道，新生入学时，地下党员都有任务，每个党员负责联系几个新同学，向他们介绍学校的情况。这样，反动社团往往都被同学们孤立起来了，没有人参加。那时，反动学生是少数，中间分子是多数，我们的目的是争取中间分子，发展自己的组织。地下党就是通过社团领导学运，各大学都是这种做法。

毛主席曾说过，学生运动是第二条战线，说明群众运动的影响是很大的。那时，在北方的学校中，“学运”一般由北大、清华牵头，京津唐地区其他学校响应。地下党领导的学生运动可以说渗透到各个角落，国民党也没有办法。当时，天津市警察局局长李汉元的儿子也是地下“民青”，我们印传单就在他家的地下室里，很多情报都掌握得很准确、及时。

那段时期，在学校教职工中成立了教授会、讲助会、职工会等组织。党通过吴大任、萧采瑜等进步教授在教授会中发挥作用，通过各种渠道做教师的工作。组织上专门安排了地下党员做进步教授的工作，刘立娜同志专门负责联系萧采瑜先生，朱竹英同志专门负责联系吴大任先生。天津解放前，黎智同志曾找到吴大任先生和他谈话，组织上还从解放区派来一个曾就读于南开化工系的地下党员张法文，让他专门做鲍觉民等教授的工作。当时，讲助会中的进步教师有申泮文、陈炳富，他们都是西南联大的毕业生，党通过他们发挥作用。那时我们的工作做得很细致，为了团结、教育广大在校职工，我们哲教系的党员办起了工人夜校，通过给工人补习文化课发现积极分子，在工人里面发展党员。我们和进步工人沟通好，凡是有我们的信件和从香港寄来的书刊，直接交给我们，以防被国民党学生拿走。

那时，我们党还联系中学生，在中学生中开展工作。我们通常选择国民党控制不严的中学，通过给中学生补习文化课，或者举行春节大联欢、春游以及到南开大学来划船、比赛等活动，发现中学生中的积极分子，影响中学生。学生喜欢什么，我们就组织什么社团，唱歌、体育、话剧、英文、宗教社团都有。学生当中也有参加宗教活动的，地下党员也借参加宗教活动之机，了解宗教活动规律，推动宗教界开展爱国进步活动。天津市曾有个基督教青年会，搞助学运动，募集资金，帮助贫困同学。

新中国成立初期南开大学的基本情况

南开大学党组织公开

1949年前，党组织和“民青”联系紧密，党员和“民青”加在一起人数不少，故校内成立了总支。1949年后，党组织和“民青”组织严格分开，党员是党员，“民青”是“民青”，且很多党员积极响应党的号召，服从党的安排，参军、参干，离开了学校，留校的党员不多。如南开大学地下党总支书记刘焱被调离学校，担任天津市第一届学联主席，还有很多党员参加了南下工作团，随军南下，担任新解放城市的地方干部。参加南下工作团是自愿报名，黎智同志是闻一多先生的侄子，曾担任天津地下党领导，1949年参加南下工作团去了武汉，后来担任武汉市委书记，我的入党介绍人杨思复也参加南下工作团离校了。当时我也报名了，但体检后因为身体原因没有被批准。

党的组织原则是3人以上成立党小组；两个小组、6人以上成立支部，支部可设立分支；50人以上成立总支；100人以上成立党委。因此，按照党的组织原则，南开大学地下党总支在1949年初改为支部委员会，我被任命为党支部书记。我离开北院分支后，刘祖才担任北院分支书记，后来他接替刘焱担任天津市学联主席。刘祖才离校后，北院分支书记由魏宏运担任。

地下党支部公开并不是一件容易的事。1949年1月天津解放后，因为担心国民党可能发动反攻，地下党支部没有立即公开，而是保留了一段时间，先公开“民青”。“民青”公开时，组织上任命杜立（原名花珍如）担任“民青”总支书记，他是我发展的党员，后来曾担任天津市委宣传部副部长。“民青”公开一段时间后，影响不错，群众反映良好，组织上才筹备南开大学地下党支部公开，事先做了很多宣传、布置、准备工作，直到1949年下半年，地下党支部才正式公开。当时，南开大学“民青”和地下党组织都分别是天津市大学里最早公开的，作为取得经验的典型。

受命担任南开大学党支部书记

1949年10月14日，南开大学党支部正式公开，我主持会议，天津市军管会文教部黄松龄部长参加并宣布，任命我为南开大学党支部书记，吴开文是副书记，张义和是支部委员。党公开时，教师党员不多，有几人调走了，留校的有胡国定、吴开文等。吴开文毕业于清华大学电机工程系，在南开大学电机系任助教。陈荫穀[①]教授的妹妹是吴开文的爱人，我们经常在陈荫穀教授的家里开会。陈荫穀同志是1949年党组织公开后南开大学第一个入党的教授。

党支部成立时，刘焱调走了，胡国定在养肺病，我当时想，这就像三国时期的“蜀中无大将，廖化作先锋”，既然组织上任命我担任党支部书记，我只能坚持干下去。那时，我和张义和经常要到市里向黄敬、黄松龄等领导同志汇报工作。我们还是学生，思想简单，也没有什么经验，不懂得怎样做总结、怎样做汇报，领导问什么我们就回答什么，但问我们“为什么”，我们就不知道了。黄松龄曾批评我们不会分析事情，说我们是“百多磅一筒肉”，我心里还感到高兴。

那时，政治运动多，我们白天要上课，晚上要开会、汇报，日夜奔忙，十分紧张忙碌，没有办公地点，没有办公经费，连笔记本都要自己花钱买。我从哲教系转到经济系后，以前修的很多学分都作废了，学习压力很大。我学习会计统计，没时间做练习，理论课分数还不错，技术课都不及格。我见这样下去不是办法，便向上级党组织提出申请，希望组织上尽快派专职干部来接替我的工作。1949年11月，组织上派郑秉洳同志到南开大学任党支部书记兼政治课助教，我改任党支部副书记。不久，我改任组织委

① 陈荫穀（1907—1976），江苏南通人。1931年8月到南开大学担任助教。1946年8月，应聘到南开大学电机工程系担任副教授兼代系主任。1948年8月至1951年5月，担任南开大学电机工程系教授兼系主任。1951年5月至1952年10月，担任南开大学工学院院长。1952年10月，南开大学电机工程系并入天津大学，陈荫穀转入天津大学任教。

员，张义和任宣传委员。

留校工作及筹备人事室

1951年，上级党组织决定，因南开大学行政部门没有党员，抽调王祖陶和我留校工作，王祖陶任校务委员会主席杨石先教授的行政秘书，我任人事秘书，从学生转成干部。那时南开大学没有专门管理人事的机构，人事工作由秘书长黄钰生负责。秘书赵子聘交给了我一份南开大学教职工名册，上面记载着所有教职工的姓名、年龄、学历、到校时间、担任职务等信息，除此之外便什么都没有了。

我担任杨老的人事秘书后，开始在校务委员会领导下着手筹备人事室、拟定规章条例、建立人事制度等事宜。为了工作方便，我还设计了一套教职工工资统计表格。人事室成立后，我被任命为人事室主任，负责教师工作，另外还有两位留校工作的学生简正方和王枢，分别负责职工工作和保卫工作。

当时学校的行政工作方式基本上是由群众“向上拱”，因为校内党员中学生党员居多数，上级布置任务后，党支部开会讨论，然后由王祖陶与杨老进行沟通，杨老同意后，提交校务委员会讨论通过，贯彻执行。

1949—1952年的教授治校

1949—1952年院系调整前，南开大学实行教授治校，教务长、总务长都由教授担任。吴大任先生担任教务长，总务长先是由吴廷璆先生担任，后来陈舜礼先生接替他担任了这一职务。教授治校，主要是体现大学以教授为主、学生为本。那时，校务委员会是最高权力机构，校内除教授会外还有讲助会、职工会等组织。我记得学校每次开会，党、团、工会、学生会、教授会、讲助会、职工会等各单位都要出代表发言，群众称为“八大讲话”。校内事情都要经过教授会讨论和决定，校务委员会要听取教授会的意见。比如学校招聘教职工、评定职称和调整工资等重要事情，教授会是起决定作用的，人事部门只是执行单位。院系调整后，教授治校就结束了。

南开大学在中华人民共和国成立初期经历的运动

现在回想起来，在中华人民共和国成立初期，南开大学发生了两件大事。一件是抗美援朝战争爆发后，党支部奉上级指示，曾研究过迁校问题；另一件是上级曾有意让陶孟和先生担任南开大学校长。可能是考虑到南开大学校长人选既要与南开有关系，又要有一定的社会地位和社会影响力。当时我们只知道陶孟和先生是科学院副院长，后来才知道他和南开也是很有渊源的。但此事并未促成，也没有公开过，只在党内做了传达，所以知道的人不多。

1950—1952 年，学校相继进行了忠诚老实运动、教师思想改造运动和“三反”“五反”运动。

忠诚老实运动是在党内进行的忠诚老实教育，要求党员交代个人历史和思想状况，先在党内把个人问题搞清楚。我们每个党员都向组织如实交代了个人历史，在当时的情况下，谁也不会说假话或者有所隐瞒。紧接着，学校继续开展教师思想改造运动。可以说，教师思想改造运动就是党内忠诚老实运动向党外的延续，教师进行思想改造，第一步也是交代个人历史及思想状况。

1951 年教师思想改造运动开始时，我已经留校工作，担任杨老的人事秘书。那时，学校曾组织教师到中南海怀仁堂听过两次报告，我就负责联系车、组织赴京人员等具体工作，杨老带队，我跑腿。当时，中南海还不是中央领导人居住和办公的场所，是开放的公园，老百姓可以自由出入，只有怀仁堂使用起来了。有一次周总理向京津两市部分高校教师做报告，他向大家讲述自己的经历、思想转变以及参加革命的过程，启发大家认真交代个人历史、改造旧思想。邓拓同志也是按这样的思路讲的。回校后，教师们就按照这个思路交代个人历史、改造思想。在校内，教师要逐个过关，写好报告，当众作检讨，师生表态是否通过，通过的话，第二天校内出报纸，正式宣布过关。

1951 年 2 月，郑秉洳同志调回天津市工作，张义和接替他担任党总支书记。教师思想改造运动开始后，丁未一（燕京大学地下党员，后来去了解放区，天津解放后返城，在天津市委宣传部工作）被上级派到南开大学，实际领导了南开大学的教师思想改造运动和“三反”“五反”运动。记得思想改造运动期间，外文系教师司徒月兰作检讨，她先用英文写出报告，再翻译成中文，然后在会上宣读，可司徒月兰作检讨总是通不过。我找到丁未一表达自己的看法，司徒月兰从小生活在美国，是美国人的思维方式，她能用英文写出文字再翻译成中文，公开作检讨，对她而言已经很不容易了，应该通过。后来此事不了了之。

“三反”“五反”运动期间，调查学校科级以上人员即成立专案，专案组成员都是学生，我被任命为专案组组长，领导学生进行运动。在丁未一主持下，南开大学将黄案（黄钰生）、伉案（伉铁儁）定为两大专案。当时开会都是讲政策，规定不准打骂，凡是和科级干部谈话，就由我去谈，丁未一专门负责两大专案。后来看，所谓两大专案其实是子虚乌有。秘书长黄钰生先生家中安装了一个热水罐，被强指是贪污校产，要进行处理。此事被天津市委书记黄敬拦了下来，他说：南开大学原来是私立学校，公私怎么分得清楚，安个热水罐怎么能说是贪污呢。黄敬同志是一二·九运动时期的学生代表，是一位有水平的干部。为此，市里专门派了个老干部到南开大学了解情况，认为南开大学搞得太“左”了。后来，南开大学“三反”“五反”运动就慢慢结束了，没有查出任何贪污问题，甚至连公私不分的情况都很少。

1952年院系调整前后的南开大学

院系调整前南开大学院系专业的设置

复校后，南开大学设有文学院、理学院、工学院、政治经济学院和经济、化工两个研究所。我入学时，数学系只有3个学生，教师比学生还多，物理系只有8个学生，化工系、经济系、电机系人数较多。当时，全国最有名的化工系，北方是南开，南方是浙大。张克忠教授是化工系主任、工学院院长，他是美国麻省理工学院的博士。此外，丁绪淮、潘正涛、汪德熙、汪家鼎、张建侯等几位先生也先后到南开化工系任教，他们都是留学欧美获得博士学位的教授，大家都说他们是化工系的几把“金钥匙”。

1949年哲教系被取消，我转入了经济系。与哲教系一起取消的还有政治系，南开大学改设财政系，政经学院也改称财经学院，当时天津市有个政法专科学校被合并到了南开。南开复校后，杨敬年先生担任政治系教授，他是牛津大学博士，1949年政治系被取消后创办了财政系，并担任财政系主任，为南开大学财政系的发展奠定了基础。我转入财经学院后，还听过杨先生的课。

办医学院是张伯苓老校长和黄钰生、杨石先、吴大任等老一辈南开人的夙愿。我到天津后，曾看到中央医院（1950 年 4 月改名为天津市总医院）门口挂了一块醒目的大牌子，上面写着“南开大学医学院筹备处”。那时，南开刚复校不久，根本不具备成立医学院的条件，这是老一辈南开人对南开大学发展的长远规划。

化工系教授 丁绪淮

化工系教授 潘正涛

化工系教授 汪德熙

化工系教授 汪家鼎

《国立南开大学 1950 年毕业年刊》上的化工系教师照片（部分）

南开大学正式成立医学院之前，长期办医学院预科。朱宪彝先生是天津医学院创办人，也是第一任院长，他是留美学医的博士。朱宪彝先生和杨老、吴老关系很好，委托南开大学办医预科。因为学医必须要掌握理科相关的基础知识，包括化学、物理学、生物学等，南开大学基础学科全面，师资力量充足，双方合作可以优势互补。天津医学院刚成立时，校舍还没有盖好，医预科的学生就住在南开大学，我还在医预科的学生中发展过党员。院系调整时，朱宪彝先生曾想把天津医学院合并给南开大学，但未获批准。后来，东北大学医学院也和南开大学合作办医预班。

院系调整前，南开大学还接受国家委托开办了两个专修科：一个是自动车专修科，属于工学院机械系；一个是贸易专修科，属于财经学院。贸专主任是易梦虹教授。当时，天津市专门划拨了两处房址作为专修科的教学用房。院系调整后，专修科被撤销，房子也被市里收回了。

院系调整的特殊时代背景

中华人民共和国成立初期实行"一边倒"的外交方针，按照苏联模式改变大学体制。在这样的指导思想下进行院系调整，大学里的学院制被取消了，保留少数文理科综合性大学，大力发展工科院校和铁道、矿业、水利等专业学院。从学制到教材也都学习苏联。大学实行 5 年制，辩证唯物论、历史唯物论、联共党史、政治经济学四门课是必修的基础课，南开大学还专门请人民大学的老师过来讲课。俄文被确定为"第一外语"，在全国高校掀起了学习俄文的热潮。当时教育部有苏联总顾问，苏联专家提出的意见，各大学必须执行。

院系调整是在忠诚老实运动、知识分子思想改造运动基础上进行的。没有忠诚老实运动，就没有思想改造运动；没有知识分子的思想改造，就没有院系调整的思想基础。知识分子经过思想改造运动，解决了旧社会遗留下来的亲美反苏问题，为更好地学习苏联打下了坚实的思想基础。在运动中，像南开大学秘书长黄钰生、北京大学秘书长郑天挺、清华大学教授雷海宗等人都被列为重点批判对象，让他们接受思想改造、作检讨，还要经学生通过，一次检讨通不过，还要继续作检讨，直到通过为止。这种做法使当时大学中的“当权派”、权威专家学者在群众中威望大减，以致无法继续留在原来的工作岗位，接下来院系调整中的人事调动也就顺理成章了。思想改造运动中，个人主义和自由主义被批判，对人员进行调动都没有人讨价还价。如果没有思想改造运动的基础，恐怕这也是不容易办到的。

我看南开大学在院系调整中的得与失

1952 年 3 月，天津市成立了天津、南开、津沽三所大学院系调整委员会，委员会由杨石先（南开大学校务委员会主席）、刘锡瑛（天津大学校务委员会主席）、张国藩（津沽大学校长）等人组成，市文教部黄松龄部长任主任委员。在院系调整委员会下设办公室，王金鼎同志任办公室主任，办公室下设人事调配组，我是人事调配组组长，组员由三校有关人事工作人员组成，在王金鼎领导下工作。人事调配组的主要任务就是统计三校教职工人数、名单及详细个人资料，提供给领导做决策参考。

院系调整的结果是南开大学工学院调入天津大学；天津大学数学系、物理系调入南开大学；津沽大学被取消，其工学院调入天津大学，财经系科调入南开大学。院系调整后的两校各系系主任人选由院系调整委员会研究决定，考虑学校之间的人事平衡，进行统筹安排。最终，南开大学数学系主任由天津大学调入的曾鼎禾教授担任，物理系主任由南开大学江安才教授担任。天津大学原物理系主任王治梁教授后来调去了武汉大学任物理系主任。

我认为，院系调整对南开大学来说是“大失小得”。所谓“大失”，南开大学实力很强的工学院全编制划归天津大学，包括全体师生、仪器设备和图书资料。50年代后期，财经学院除经济系以外的其他专业全部调出，组建了天津财经学院。化工和经济是南开大学的历史优势学科和实力所在，先后被调整出去，对南开大学来说是极大的损失。

所谓“小得”，天津大学数学系、物理系调入南开。天津大学在抗战期间与其他院校合组西北联合大学，损失不大，其数学、物理二系实力强于南开，师资力量对南开是一种有益的补充。此外，郑天挺、雷海宗两位先生在院系调整中调入南开大学历史系，使南开大学历史学科实力得到加强。

郑天挺先生曾任北京大学秘书长，善于与大专家学者们处理关系，把北大管理得挺好。他为人非常正派，爱人40多岁就去世了，他没有再续弦，独自抚养五个孩子长大，后来他的两个儿子都在南开大学上学。郑天挺先生的人品广受教育界人士称颂。

50 年代南开大学的初步发展

院系调整后机构与人事的一些变动

院系调整后，杨石先教授被任命为南开大学副校长，校长人选空缺。天津大学也是这种状况，一时找不到合适的校长人选，暂由时任天津市市长吴德兼任天大校长。为加强两校党政领导力量，1953 年 10 月，中央派高教部教学指导司司长刘披云同志到南开大学，高等工业教育司司长李曙森同志到天津大学，由时任高教部第一副部长黄松龄同志亲自将这两位重要干部送到学校就职。

院系调整后，大学里成立了政治辅导处，实际上是党的机构。院系调整委员会办公室主任王金鼎同志被任命为南开大学党总支书记兼政治辅导处主任。由于新设立的机构需要干部，再加上“三反”“五反”运动后一些老南开职工相继离校，校内一时干部短缺。我向杨老汇报了这一情况，学校决定留下一批青年学生补充干部队伍。但当时教育部规定，干部编制冻结，教师编制可以敞开，所以，我校第一批政治辅导员和行政干部是以助教的名义留校的。

1953 年，南开大学成立了工农速中（全称为南开大学附设工农速成中学），校长是赵君陶（其兄是中共早期领导人之一赵世炎同志，其子李鹏后来曾担任国务院总理），王祖陶任副校长。成立工农速中在当时是响应国家的号召，满足社会的需求。因为从历史发展来看，国家在经历大乱以后要致力于恢复经济，而经济没有科学和教育做基础是发展不起来的。新中国在院系调整后新成立了很多学校和专业学院，如钢铁学院、纺织学院、轻工业学院、航空学院等，需要大量干部。因此，那个时期很多学校成立了工农速中，培养工农干部，大学也开始招收“调干生”，调干部来大学学习。南开大学有一批中层干部就是“调干生”，毕业后留校做行政工作。

为新的南开大学奠定基础的重要人物——刘披云

刘披云同志在南开大学工作了 5 年时间（1953 年 10 月至 1958 年 8 月）。在此期间，他相继担任了南开大学党组书记、南开大学党总支委员、天津市市委委员、南开大学副校长等职务，加强了南开大学党政的领导。刘披云同志是为新的南开大学发展打基础的重要人物，他对学校做出的贡献我们应该铭记。

因为工作关系，我和刘披云同志接触比较多。他是老党员，1925 年入党，大革命时期曾在上海、武汉担任学生运动领袖，领导学生运动。他的原配夫人杨肇兰也是共产党员，后因病早逝。中华人民共和国成立后，刘家被定为地主，刘披云曾对我说，其实家里的地早就卖了。在上海时，他们夫妇二人就变卖了家产，买了所房子，开了一家餐馆，作为地下党活动的场所，杨尚昆同志也曾住在那里。

刘披云同志是知识分子出身的老革命，级别高（国家行政7级干部），还在日本留过学，要资格有资格，要知识有知识，要水平有水平，在南开历届党的领导中是很突出的一个。他在南开大学期间，担任党组书记，党组成员包括王金鼎、赵君陶等人。这一时期，学校党组发挥了领导核心作用，党总支起到了监督保证作用。刘披云同志对杨石先、吴大任等老南开人非常尊重，凡事都向他们征求意见，拿到会上讨论，同时，积极支持他们开展工作。他重视制度建设，一手抓教学和科研，一手抓生活和基建，承担起治理整顿学校、建设新南开的重任。

有两件事我记得特别清楚。一是刘披云同志到任后，采取了加强基层建设的措施，其中一项就是党总支委员分配到各系，担任支部书记兼系助理。当时，我被分配到物理系任支部书记兼系助理，张义和任外文系支部书记兼系助理，王祖陶任化学系支部书记兼系助理，同时决定谷书堂任经济系支部书记兼系助理，魏宏运任历史系支部书记兼系助理，其他各系也都陆续配备了支部书记和系助理。这一举措对于加强系的工作确实起到了重要作用。二是刘披云同志将校园建设和基建工作作为一项重要任务来抓，铺马路、盖楼房、完善基础设施。如今校园里大屋顶的教学楼（三教、四教、五教）、学生宿舍、老游泳池、家属楼以及大中路、老图书馆（今文中馆）、学生食堂等建筑都是在20世纪50年代兴建的。

后来，刘披云同志于1958年被调离南开大学去了云南，长期担任云南省党政领导职务，还曾担任云南大学党委书记兼校长。

在洼地上进行校园建设

院系调整后，南开大学北院、东院校址被划走，只保留了位于八里台的南院，全校师生都集中到南院上课、生活，因此，教室、学生宿舍和教职工住宅都很紧张。那时，大中路两侧多是稻田、洼地和水坑。我刚参加工作时住在胜利楼，晚上到锅炉房打开水时，就用手电筒照从稻田里爬到路上的螃蟹，光一照螃蟹就不动了，捉回来煮着吃。在校园内盖楼房要先挖土垫地，垫一点建一点，南开大学就是从洼地里慢慢建起来的，十分不容易。新开湖之所以得名，就是因为它原本就是当年建老图书馆及第三、四教学楼时就地取土填基挖出来的大坑。主楼那片地原先也是洼地，建楼之前先把洼地里的水排出，然后用轱辘马从西大坑运来土把坑填平。西大坑原来并不是大坑，是挖土垫地硬挖出来一个大坑。

那时的校园建设是总务处负责，吴廷璆、陈舜礼、张涛都相继担任过总务长，在他们的带领下，后勤职工为校园建设花了很多心思，做了很多工作。我在南开读书时，校园里的树很少，因为天津地表水碱大，一般树的根扎不下去，难以长期存活，长一段时间后就因烂根死掉了，后来发现杨树容易扎根，总务人员就开始在校园里种植白杨树，搞绿化，现在校园里的树都是从20世纪50年代起开始陆续栽种的。1949年前，南开大学的伙食在华北地区高校中都是有名的，学生办膳团，又省钱吃得又好，后来办膳团的学生业务骨干也留校工作了。

“共产主义同情者小组”与“外文系事件”

中华人民共和国成立后，很多进步教师纷纷要求加入党组织。那时，学生入党要先入团，经过锻炼，表现好的再个别吸收入党。团龄以上的教职工怎么办？他们有着进步要求，积极靠拢党组织，但没有接受过锻炼，对党不了解或了解不充分，还不符合入党的条件。1949年，刘少奇同志视察天津时，听取了南开大学关于这种情况的汇报。刘少奇同志指示，可以仿效苏联做法，成立“共产主义同情者小组”（以下简称同情组），让进步教师参加，经过锻炼后合格的再吸收入党，以南开大学为试点。

当时，我是南开大学党总支副书记兼组织委员，组织上让我具体负责同情组工作。我分管北院支部，又是出自北院分支的党员，对北院情况比较了解，便决定以北院为试点抓这项工作，当时魏宏运是北院支部书记。于是，在北院组织成立了第一个“共产主义同情者小组”，最先发展的同情组组员就是外文系的进步教师周基堃、张涛、张镜潭。

周基堃毕业于西南联大，同情并支持学生的革命活动，

1946 年发生国民党特务、伤兵殴打表演话剧《凯旋》学生的事件，周基堃不惧危险、挺身而出、仗义执言。张涛也是西南联大毕业生，多次掩护进步学生躲避国民党特务机关逮捕。张镜潭是老南开大学学生，学习成绩优异，后赴美国留学，在得知新中国即将成立的消息后，放弃了学位，毅然归国，参加国家的复兴建设。这三位进步教师一直跟共产党联系紧密，在教师里也很有影响力，因此被发展为第一批同情组组员。

最初加入同情组，规定必须有一个党员介绍，后来申请加入同情组的进步教师人数增多，也就不需要专门的介绍人了。像李霁野、申泮文、滕维藻等后来入党的进步教师，当初都是同情组组员。在中华人民共和国成立后的一段时期内，同情组在团结与教育进步教师、调动并发挥进步教师的积极性等方面发挥了很大作用。

那么，后来同情组是怎样解散的呢？一是因为参加同情组的进步教师在符合条件后都相继入党了，二是因为发生了“外文系事件”。

20 世纪 50 年代初期，南开大学外文系名家云集，师资力量非常雄厚。陈逵、司徒月兰、杨善荃、颜毓蘅、巫宁坤、查良铮、张万里等人都在外文系任教。陈逵先生曾担任私立南开大学的英文系主任，是英文系的奠基人之一，他业务水平好，很得大家的拥护。司徒月兰女士也是老南开大学的教师，在南开大学复校后曾一度代理系主任。杨善荃先生是研究莎士比亚的专家。颜毓蘅先生和黄敬同志是南开中学同学，颜毓蘅在清华大学读书时与钱锺书、曹禺并称“清华三杰”。查良铮（穆旦）先生出身名门，毕业于西南联大，曾参加远征军，担任过杜聿明的秘书。查良铮和周与良（周叔弢先生的女儿）夫妇二人回国后同到南开任教，业务水平很高。

1954 年 11 月，外文系发生了若干教师联名反对系领导的事件。这些教师都才华横溢，也有些恃才傲物，因与系领导在业务水平、为人处世等方面存在分歧而产生矛盾。在这次事件中，周基堃率先提出了对系领导的反对意见。周基堃当时是讲师，在外文系是个拔尖儿人物，业务不错，精通英文、德文、法文、俄文，积极要求进步，与群众联系紧密，和教授们都很熟悉。他提出对系领导的反对意见后，外文系其他几位教师都认可并附和。

此次事件被系领导定性为“反党集团”（后校党组织考虑“反党集团”不妥，改称“外文系事件”），并对相关责任人进行上纲批判。张镜潭当时虽已调出外文系工作，但也受到此事的牵连。学校以同情组名义公开贴出布告“开除周基堃同情组组员”。高教部还派了综合司司长到南开大学调查此事，但于事无补。此事过后，当事人均被调离原职或调出学校，同情组也逐渐解散，不再发挥作用了。

“外文系事件”发生时，我在物理系任支部书记兼系助理，事件发生后，组织上让我写了一份同情组工作总结报告上报，算是给同情组的历史画上了一个句号。

“外文系事件”发生后，外文系名师都陆续调离南开大学，一时名家荟萃的外文系从此元气大伤、一落千丈，有一段时间曾经停办，再难恢复到以前的实力和水平。此外，周基堃、张镜潭、张涛等追求进步的同情组组员和业务骨干，一生都受到此次事件的影响，思想上背包袱，运动中受打击，才华没有得到应有的发挥。但他们始终没有改变自己追求进步与光明的初衷，周基堃晚年终于被党组织批准接纳，实现了半生追求的愿望。

“外文系事件”已经过去60多年了，现在回头去看，我觉得最需警醒之处就是，无论何时都要正确执行党的知识分子政策，珍惜和爱护愿为教育事业贡献力量的广大知识分子！

物理系忆往

50 年代物理系的蓬勃发展

1954 年初，学校为加强系的工作，决定给各系配备支部书记和系助理。我当时是党总支副书记，兼任物理系支部书记、系助理，亲身经历、参与并见证了南开大学物理系在 50 年代的蓬勃发展。

中华人民共和国成立后，国家提倡发展数、理、化等基础学科，学校对此也很重视，在师资、生源、资金等方面下大力量发展物理系。院系调整时，天津大学物理系调入南开大学，增强了南开大学物理系的师资力量，如天大物理系的老教授胡刚复（他是我国近代物理的奠基人之一）和陈仁烈教授。那时，物理系被定为机密专业，招生分数是全校最高的。几年间，在系主任江安才、副系主任陈仁烈的领导和沈寿春教授的具体策划下，中青年教师扎实肯干，在学校的支持下，物理系发展新兴专业，开拓研究领域，采购精密仪器，建设实验室，办得红红火火，实力也很强，与北京大学、南京大学、武汉大学、浙江大学等综合大学的物理系全国排名并列前五。

那时，物理系购置到了全套的低温设备、机械加工设备、吹玻璃及研磨玻璃设备，很多仪器可以自己加工，连十几万的乳胶显微镜都想办法搞到了，这在当时的条件下是很难得的，国内没有几所大学可以达到这样的水平。物理系对半导体和核物理的研究在50年代中期就起步了，并且在半导体提纯等方面开始取得了一些成绩，这些都有报道可查。那时，全系师生干劲十足，加班加点地做实验、搞研究，赶都赶不走，有一段时期，我每天的一项工作就是在深夜时把师生赶回去休息，成绩就是这样取得的。1954年11月，英国著名物理学家贝尔纳教授访问南开大学时，参观了物理系的实验室、金工厂，他称赞南开大学物理系建设得比英国一些大学还要好。

我大学学的是文科，刚到物理系工作时，碰到了许多困难和问题，也曾向吴大任先生反映过。吴先生说："行政工作很重要，物理系很重要，困难的工作总得有人去做嘛。"在吴先生的教育和影响下，我安下心来投入到物理系工作中。我不怕麻烦和跑腿，凡是想到可以为系里做的事就尽力去做，曾三下保定，从胶片厂搞到了乳胶显微镜，像制作真空系统需要吹玻璃仪器等要求有专门的技术工人来操作，我就去制作霓虹灯的工厂寻找合适的工人。为全面掌握系里的情况，我还专门制作了登记表，将系里的教职员工、仪器设备、房间面积、负责人员等等信息都详细记录下来。后来，系里出现任何问题或事故，吴大任先生来问我，我都能立刻告诉他问题出在哪里。吴先生曾称赞我"人才难得”，给了我很多的鼓励。

着眼于发展原子能的物理二系

为响应国家“向科学进军”的号召，南开大学在1960年成立了物理二系。物理二系主要研究原子能，抽调化学系放射化学和物理系理论物理专业的教师组成，得到了文教部的支持。当时，南开大学在原子能这一新兴、尖端科学领域是起步较早的，还建好了加速器和反应堆模型。三年困难时期，有些专业下马，物理二系也被撤销了，但基础还在。紧接着，国家搞备战，进行三线建设，天津是沿海城市，尖端学科不能设在沿海城市，于是，南开大学原子核物理、放射化学两个专业被调整到兰州大学，相关教师、仪器设备也都调去了兰州大学。当时系里有很多精密仪器，这样一调动，人也散了，资料也没了，对物理系造成了极大损伤。

在物理系经历的反右派斗争

1953年学校开始审干，审干5人小组成员包括刘披云（党组书记）、赵君陶（党组成员）、王金鼎（党组成员）、王震宇、黄元珍。我的“历史问题”就被别有用心的人提了出来。如前所述，来南开大学读书前，我在老家贵州瓮安时偷订《新华日报》，并在少数好友中传播进步思想，此事被当地三青团头子发现，胁迫我在三青团办的报纸《新力》干了3个月，编了3期月刊，其间我以《注视北疆》为题写了篇文章，提出要抵抗苏联的侵略。这些个人历史早在入党时我就已经向党组织作了交代。1953年审干期间，赵君陶同志对我说："披云同志说，你当时不过是一个要求进步、被三青团迫害的穷学生，早已弄清楚了，不算什么事。"这也是审干小组对我的审查做出的结论。

从1955年开始，我就不再担任物理系党支部书记了，但还暂时保留我系助理的职务，接受党内调查。直到1959年，刘披云和赵君陶同志先后调走，时任党委书记和组织部长，将"历史反革命"的帽子强扣在我头上，但对我的审查和处理意见一直没有公布，所以一般师生群众并不了解情况。

1957年南开大学的反右派斗争是先从物理系开始的。当年6月，北京大学物理系学生谭天荣等人到南开大学演讲，发表了一些不当言论。物理系的学生成绩最好、运动会表现最好、思想也最活跃，因此一时间闹得很乱。后来，凡是参加活动、贴大字报、对谭天荣表示同情的学生，都被定成了"右派"，这个结果是始料未及的。运动刚开始时，我们都认为对学生批判批判就完了，没有想到后来会批判升级，将反右派斗争扩大化。

反右派斗争时，我已经被排除在系领导班子之外，与金工厂的工人、辅导员一起学习，但领导商定了右派名单后，却让我去出面宣布、主持批判。我也没有别的办法，让我做什么，我就只能去做，但对把学生伤害了的事实，我心里觉得很惭愧、很抱屈。后来面对指责，我也没有做过什么辩解，因为我是共产党员，我是在执行党的路线和政策，党的路线出了问题，我在执行上也有一定的责任，作为党员应该勇于承担起过错。“文革”结束后，有位校友曾在校友聚会时说“南开大学李万华不整人”。这话传到我耳朵里，我说不对，作为共产党员，执行了党在那时的路线，不整人是不可能的，经历过那个时代的党的干部多有整人的历史和被整的历史，很少例外。

当时定“右派”，系里分成学生小组和教师小组，让我参加教师小组。系里要把何国柱教授定为“右派”，原因是他在座谈会上公开说过“外行不能领导内行”，其他系说过这种话的教师已经被定为了“右派”。当时系里问我的意见，我说：“1955 年学校派我把何国柱先生从北京请来，到南开大学物理系当教授，他没有经过思想改造运动、‘三反’‘五反’运动，还是保留在美国那一套想法，如果把他定成右派，以后还有谁敢回国到南开来。”最终何国柱教授未被划成“右派”。

物理系教师徐温元 1949 年前曾在国民党的国防部二厅研究雷达，那时的观念认为国民党凡是挂“二”字头的都是特务机关，徐温元的同事当时在天大教书，据此被定为“反革命”、特务。徐温元当时已经入党了，系里讨论他的问题时，我发表了自己的看法：“徐温元是搞技术的，他刚去国民党国防部二厅工作不久就解放了，雷达刚刚出现，资料都没有，把他定为特务不合适。”反右派斗争中，各系都有教师被定为“右派分子”，物理系没有定一个教师为“右派”。徐温元后来一直感激我当年为他说话。我只是实事求是地讲，但在当时的情况下，我讲的话起到了作用，保护了一些教师和学生，还是令我感到欣慰的。

动荡岁月的开始：1959—1966

天翻地覆的结论

关于我的个人历史，入党时我就已经向组织讲清楚了，在1953年审干期间，以刘披云同志为核心的审干小组对我做了结论，认为我当年不过就是个穷学生。1956年7月，楚云同志调任南开大学党委书记，他坚持按党的政策办事，同意审干小组对我做的结论。1958年，组织对我做的原有结论被全部推翻，我被定为“历史反革命”，并被开除党籍。当时，楚云等干部为我说了话：你们这样处理李万华的问题是不恰当的。结果1959年“反右倾”批楚云时，“包庇李万华”居然成为他的一大罪状。1959年1月初，校党委派人对我宣布了结论。“历史反革命”的结论对我来说简直就是天翻地覆，我跟他们争论，我不服，我要申诉，我拒绝在结论上签字。他们说，签字之后才能上诉，我被迫签了字。

我觉得自己是进步的，从抗战时期起我就看《新华日报》，在日记本上抄写毛主席诗词，能算“反革命”吗？1953

年审干期间，我把日记本上交给组织以供审查。后来调查组去了我的老家，知情人都做了证明，但证明我传看《新华日报》的材料，调查组一份也没保存。当年我偷订《新华日报》的事情被三青团头子发现后，我曾给一个朋友写了封信，告诉他：有人要害我，我得去帮着办报三个月，万一期间出了什么问题，希望他能撰文发表在报纸上进行呼吁，解救我。我的朋友保留了这封信，调查组去调查时，他把这封信给了调查组，可是这封信也不见了。我们南方老家的木头房子都有缝，家家都用纸糊墙，我就在里层贴《新华日报》，外面贴上《中央日报》，这样传看的证明材料也没有了。我想这也是他们当时之所以不敢公开宣布我是"历史反革命"的原因。"文革"结束后清退文件，日记本退还给了我，但当时我没有仔细翻看，直到最近回忆校史，我翻看当年的日记本，才发现记有我传看《新华日报》、抄写毛主席诗词那前后一个月的日记竟都被撕掉了，可见那些整人者为了达到目的真是无所不用其极！

从 1959 年党内决定开除我的党籍起，我对结论就没有服过，坚持每年写申诉，虽然知道没有用，但我要表明我的态度。最初几年，对我做结论的人当权主政，我的申诉石沉大海。后来，何锡麟同志来南开大学任党委副书记时，曾就我的问题表示过：搞错了，应该纠正。但当时政治运动太多了，"四清"之后，"文革"开始，何锡麟同志也被诬为"何娄黑帮"的头子，没有可以讲道理的地方。就这样，从 1959 年到 1978 年，我背着强加于身的沉重包袱困守、煎熬了 20 年，也坚持、期盼了 20 年。

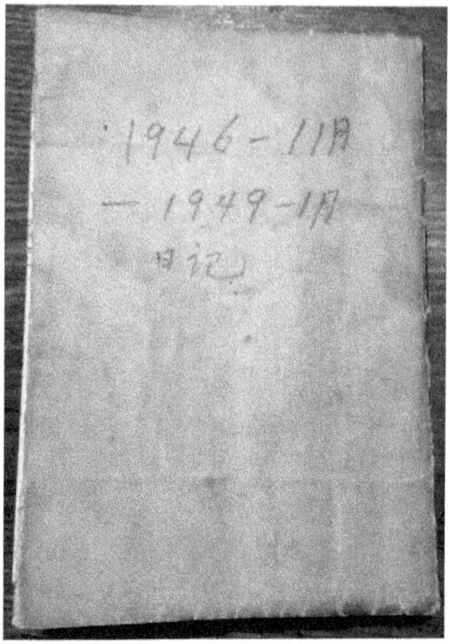

李万华的日记本

与周总理的一次近距离接触

1959 年 5 月 28 日，周总理视察南开大学，这是当年的一件盛事。那时，我已经被定为“历史反革命”，被认为是“危险人物”，不准参加群众队伍。我当时还在物理系任办公室副主任，就让我组织物理系实验室教学辅助员在物理系三楼一间教室开会。没想到的是，周总理视察到了物理系，突然推门而入，因我在主持会议，周总理便上前和我握手。那个时刻，我真是百感交集。

周总理是我最崇敬的共产党员。我是从早年间读《新华日报》开始知道周总理的。那时，国民党伪装民主，允许《新华日报》在重庆市区发行，但报童经常遭到警察的殴打，为此，周总理曾亲自带头上街卖报，反对国民党军警的行为。当时在知识分子心目中，周总理的形象非常崇高，公认他是共产党的杰出代表。知识分子思想改造运动期间，因组织教师去中南海听周总理做报告的机会，我曾远远地看见过周总理。

我没有想到第一次和周总理近距离的见面竟然是在这样的情形之下。周总理和我握手，我感到很惭愧，抬不起头，只和周总理握了握手，我不敢哭，就一直低着头。周总理问你们在干什么，我说在学习周总理的讲话，周总理问了问情况就离开了教室。这件事当时学校没有报道，我也没有对任何人说起过，这是我自己一生的秘密，那一刻的复杂、激荡的心情直到现在我仍然记忆犹新。

三年困难时期琐记兼忆娄平同志

从1958年开始，南开大学开始搞“大跃进”、大炼钢铁、挖海河，紧接着就是节粮度荒。1959年我被开除党籍，但对外没有公布，我还是物理系办公室副主任，分管生活。三年困难时期，我负责系里教职工和学生的节粮度荒，在空地上种菜，管理大家上交的节约下来的粮票、布票。那时蔬菜很少，最初每人还可以吃到点儿山芋，很快校内患浮肿病的师生人数开始增加。那时，我家里人就吃些向日葵叶子、瓜叶子，和棒子面掺和到一起吃，虽然艰苦，但总算还有点粮食可吃。三年困难时期，南开大学没有饿死人。

1960年3月，娄平同志调任南开大学副校长，分管校办和总务工作。我记得有一次娄校长在全校大会上向师生员工作节粮度荒报告，他先讲吃山芋有很多好处，然后说：“至于瓜菜代，就不用我说了。”实际上，瓜和菜的供应也保证不了。娄平同志是一个实事求是的人，他原任河北省教育厅厅长，反右派斗争开始后，右派被分为右派、一般右派、极右派几等，介于右派和非右派之间的是右倾，娄平曾因不合时宜地总说实话而被划为“老右倾”，受到批判。

后来，学校开始搞“四清”运动，首先就要查账，我把我负责的物理系账目交给娄校长，账目记得一清二楚，揭发出了当时物理系一位党的领导同志挪用师生节约上交的粮票和布票事件。有人担心我的揭发会遭到报复，我说：

“我没有贪污一斤粮票、一尺布票，我怕什么。”那时，我在物理系管生活，出了问题就去找娄校长，因为我信任他，知道他不会借机整人。

河北省领导天津市期间对南开大学造成的影响

1958—1967 年，天津市一度由中央直辖市改为省辖市，划归河北省领导。河北省领导天津市期间，“掺沙子”、调院系，对南开大学造成了深远影响。

河北省有的干部调入南开大学，担任领导职务，叫作“掺沙子”。南开大学的情况大变，知识分子中层领导基本上都靠边站了。这些工农干部到校后大多数务实肯干，做出了很大成绩，但有的干部水平不高。当时理科一个总支书记，为人很好，但文化水平不高，别人写的稿子都看不明白，没法开展工作。还有个调来的领导干部去南开大学图书馆调研，认为图书馆书架上的书排列得高高低低不美观，提出“为什么不把高的书放在一起，矮的书放在一起”，真是贻笑大方。

河北省领导天津市期间，南开大学院系再经调整，只保留了 9 系 1 所。1958 年 9 月，河北财经学院（现天津财经大学）成立，我校经济系会计、统计专业全体学生及部分教师并入该校，只保留了搞理论研究的政治经济学专业。当时对综合大学的定位就是发展基础学科、搞理论研究。经济研究所也曾一度划归河北省领导，但很快又退还给南开大学，原因是河北省领导认为经研所的一帮老人历史复杂。后来南开大学恢复经济学院，多亏了有这些老人发挥作用。

从1962年以后，南开大学老九系（数、理、化、生、文、外、史、经、哲）的专业设置维持了20年，对学校的长远发展产生了深远影响。首先，学校的学科建设长期没有发展和突破，招生人数少，经费、毕业生人数等各方面都受到限制。其次，曾有评论指出，美国是律师治国，中国是工程师治国，在国家选任干部偏重于工科人才的情况下，长期只发展基础学科的南开大学在人才培养方面有很大局限性，培养出的人才不能满足时代和国家最直接的需求。直到20世纪80年代，随着经济学院恢复组建，南开大学9系1所的学科布局才逐渐转变。

“文革”旧事

“文革”造成的内乱

“文化大革命”开始后，校内情况很乱。副校长何锡麟、娄平被诬为“何娄黑帮”的头子，包括吴大任、滕维藻等在内的一大批教授和干部被打成“牛鬼蛇神”，教授的所谓“罪行”大都是“反动学术权威”，连助教都是“臭老九”。南开大学成立了“八一八”和“卫东”两大红卫兵组织，派系间争斗不断。学校正常的党委领导体制、教学管理体制被破坏，教学和科研无法正常进行。有一段时间“踢开党委闹革命”，学校进入混乱状态，红卫兵当家做主、抢占地盘，每天用高音喇叭喊话。教授、干部家的房子多被造反派（学校的工人、“造反队”）的人抢占了，我一家三代7口人被赶到两间小房子里住，1976年唐山大地震后曾住在临建棚里。

“文革”对知识分子造成了极大的损伤。陈序经先生一生著作等身，被红卫兵抄家后，因心脏病发作死在了南开大学。中文系的华粹深教授是戏曲研究专家，他收藏有上百盘传统京剧唱片，抄家时都给砸了。中文系教师许政扬很有才华，被抄家、批斗，跳北村前面的河沟自杀了。诸如此类的事情还有不少，据“文革”后的统计，我记得南开大学在“文革”中非正常死亡的师生有20名之多，包括化学系在20世纪50年代初从美国回来的陈天池和刚从苏联学习回国的吴恕求，生物系骨干教师卞崟年，经济研究所教师孙兆录，外文系教师林震宇等人。此外，有的老教师年老多病，在受到惊吓、医疗欠缺的情况下去世，如数学系系主任曾鼎禾教授、杨宗磐教授和崔世英教授。这些教师都很有才华，有的是西南联大毕业生，有的从国外留学归来，都是专业出色的人才。这些师资的过早离世也对南开大学后来的发展造成了不良影响。但尽管经历了这样的遭遇，“文革”结束、落实政策后，大多数知识分子仍然坚信党的领导，兢兢业业地干工作，为国家和社会发展贡献自己的聪明才智。

“四清”运动开始后，斗争越来越厉害，我从物理系被调到印刷厂，在讲义科做打字、裁纸、校对工作。“文革”后期，南开大学成立了许多技工班，专门培养技术工人，我在印刷厂劳动时，印刷厂的一个职员就在技工班给学生上课。“文革”结束后，相当一批技工班的学员留校当了干部，这是历史原因造成的。

“文革”开始后，对我做的结论被公布，我成为被批斗的重点对象之一。红卫兵几次抄家，抄走了全部书籍、桌椅、衣物，连国旗都被抄走了。我因被开除党籍，无法交党费，就以“李思党”的名字在银行开了一个存折，每月把党费存入存折，借以检查自己的革命意志、自己与党的关系，这个存折在抄家时也被抄走了。开大会批判我时，说我“思”的是国民党，真是欲加之罪何患无辞！

那时，我和杨敬年先生、查良铮先生等5人都是专政对象，逢年过节保卫处就把我们叫去训话，警告我们不准乱说乱动。杨敬年先生是我的老师，我上大学时从哲教系转入经济系后，听过杨先生的课。院系调整前，我曾担任过财经学院党分支书记，经常要与杨先生联系。杨敬年先生毕业于国民党中央政治学校，这一经历便成了他的历史“罪证”，在历次运动中都未能幸免。但杨先生是个非常有毅力的人，他得享高寿是很不容易的，我很佩服他。

1997年5月8日，李万华和陈舜礼到天津总医院探望杨敬年先生并合影（居中为杨敬年，右一为陈舜礼，左一为李万华）

我对强加给我的“历史反革命”结论从来没有服过，坚持每年写申诉。我的老伴儿担心我这样做可能招致被关进监狱的严重后果，我说：“我不怕，大不了就是死。”其实我那时还写了份申请，希望把我送进监狱，因为在那个混乱的年代，在监狱里起码还有一定保护，还有可能接受我的申诉，还能吃饱饭，在外面这些都没有保证，吃不饱，还随时有被批斗、挨打的危险，可谁也不受理。我心里很委屈，但是我有信心，总有一天我的问题会解决的。

1968 年，军、工宣传队进驻南开大学。最初进校的军、工宣传队比较正规，其中有一位是天津中天电机厂的副厂长，我在物理系搞技术革命时曾去电机厂找过他，因此和他认识。我把我的情况跟他说明，他问我：“你说的这些你敢签字吗？”我说：“我敢。”我就在他的本子上写下“我对我的结论不服”，他把我写的东西收了起来。这一点我印象深刻。

“文革”中，教师、干部按照系所单位被编成不同的队，我在行政楼队，最大的“老虎”都在这个队。学校党政干部都被打倒了，军、工宣传队和红卫兵领导学校，各种各样的整人手段很多都是红卫兵学生们搞出来的，令人不堪回首。

“南开大学地下党特务集团”冤案

“文革”时期，南开大学成立了“三大特务系统专案组”、“南开大学地下党专案组”等。他们在校内编造了一个“网、线、团”的谬论，说南开大学“叛徒成网、特务成串、反革命成团”，对中华人民共和国成立前南开大学所有的地下党员、地下党领导的秘密外围组织“民青”“民联”的成员以及参加进步社团的学生300多人进行审查。其中，有的同志长期被隔离审查，有的同志被捕入狱、判刑，有的同志被迫害致疯、致残、致死。他们的家属、亲友也受到株连。

我曾担任南开大学地下党支部书记，是历次运动中南开大学第一个被打倒的人，后来批楚云、张义和，接着批滕维藻、侯维锜（曾担任校团委书记）。我是滕维藻和侯维锜的入党介绍人。南开大学在中华人民共和国成立初期入党的教师和学生，有不少人都是我介绍的，因为那时规定入党必须有两个正式党员介绍，而当时留校的党员人数很少。那些整人的人提出：南开大学地下党扎根扎坏了，所以叛徒、特务、反革命成堆成串，很多人因此谬论而受到了牵连。

“南开大学地下党特务集团”冤案直到1978年才最终平反。落实政策后，我一度负责学校招生工作，曾去过黑龙江、新疆、福建、云南等多地做招生宣传。经过走访调查，我发现所有地方的地下党无一例外都成为被整肃的对象。南开大学地下党员没有一个幸免，只是程度不同而已。

对干部问题的处理成为派系斗争焦点

天津市作为河北省省辖市期间，一批河北省及其他部门的干部调到南开大学，担任领导职务。其中有个别干部产生了特权思想、工作作风等问题，和知识分子之间矛盾突出。围绕“审干”问题，校内形成两种不同意见，其中，关于对我和张义和的处理成为矛盾的焦点。就我个人而言，当年的审干5人小组成员中，刘披云、赵君陶、王金鼎三位同志都已调走，楚云、娄平、何锡麟同志调到南开大学工作后，都为我说了话，认为我是已经做出明确结论的，不应推翻原有结论。结果，“反右倾”批楚云时，“包庇李万华”成为他的一大罪状，“文革”一开始，何锡麟和娄平同志就被诬为“何娄黑帮”的头子。他们调来南开大学的时间并不长，怎么会勾结成为“黑帮”呢？关键是对干部问题处理的不同意见，这个问题成为矛盾的源头、导火索和焦点。

“文革”中派性观点很强烈。“八一八”曾支持和拥护党委领导，“卫东”要造反夺权、反对党委领导。参加“八一八”和“卫东”的都是学生，两派之间也发生过武斗。“文革”结束后，我曾到天津市档案馆查阅关于造反派的资料，发现当年康生曾分别接见南开大学“八一八”和“卫东”两派红卫兵，并对两派分别表示支持。这一做法的结果是引发了两派之间的武斗和内斗，可见，康生在挑动群众斗群众中发挥了极恶劣的作用。

“文革”开始不久，时任党委书记在一次群众会上宣布：我们最大的胜利就是把李万华揪出来，打成了“反革命”。但很快受“61人叛徒集团案”的牵连，他也被打倒，和我们在一起劳改。我曾问他：“你把我定为反革命，有什么根据？”他不说话。我说：“我在牛棚，你也在牛棚，过去的事就别提了。”我们两个人都吸烟，他买烟困难，我还把我的烟给他。后来，南开大学两派红卫兵轮番审讯他，因不堪迫害，他在1968年投湖自杀了。

“牛棚”杂忆

“文革”中的关“牛棚”，就是让大家集中住宿、不准回家，各系把各系所谓的反动权威、牛鬼蛇神关起来。最初不准家里人送饭，怕通消息，后来才允许送饭。刚开始送饭时，工宣队的人要检查，怕夹带纸条、毒药之类的东西，后来才慢慢放松。那时，每到星期四食堂做饺子、馅饼等食物，我们被关“牛棚”的人是不能吃细粮的，只能吃窝头。我们每天要向军、工宣传队的人早请示、晚汇报，吃饭时还要唱“牛鬼蛇神歌”，各种手段非常侮辱人。这些事说起来，既可笑，又痛心。

“文革”前期，军、工宣传队带领我们劳改，我和吴大任、郑天挺、侯洛荀等诸位先生在一起劳动。工宣队的人认为我是“死老虎”，罪行较轻，就让我当小组长。我们这些人朝夕相处，我知道很多大家在“文革”中苦中作乐的有趣事情，知道他们是怎么挨过黑暗活过来的。

吴大任先生在“文革”之初就被作为“何娄黑帮”成员之一打倒了，身体和精神上遭受了很大折磨，但他对此从不多言。他在最困难的时候也始终不忘尽一个共产党员的义务。他按照过去每月交纳党费的时间，问我党费怎么交？我只好告诉他，党委都不存在了，不知问谁去。

侯洛荀先生是老南开人，私立南开大学时期就在学校任教，曾担任全国足球裁判，那时足球裁判都用外语，他的外语很好。劳动时我们在一起，工宣队让我们每天交一份思想汇报，汇报自己的思想状况、对自身“罪行”的认识等，侯老就每天抄一段报纸上的内容上交。工宣队的人发现后，质问侯老为什么抄报纸？侯老坦然地说：“这就是我的思想汇报。”工宣队的人也没有办法。

那个年代家家都用马蹄表，我家也有一个，时间长了表就停了，我把表打开、上点油、把表针摆正，表就继续走了。郑天挺先生家的马蹄表不走了，我就让他拿来给我看看。我打开表一看，发现是同样的问题，就把表擦擦上点油，表就可以走了。后来，郑天挺先生说：“李万华会修表。”这件事就传开了，谁家表坏了就找我来修。我说：“我不会修表，回去打开看看，上点油，就行了。”

“文革”后期，军、工宣传队一撤走，我们这些人就从校内“牛棚”劳改队被转移到南大农场劳动，可以回家了。农场很大，东西向从西大坑一直到红旗路拖拉机厂，南北向从现一中心医院处一直到传染病医院。现在农场那片地已经盖起了高楼大厦，再不复往日景象。

在农场劳动需要干体力活，大家照顾娄平校长，让他干轻活，盖房子的砖垒好后，让他来勾缝。娄校长做事很严谨认真，对分配给他的劳动任务都默默地干好，他不用铁制工具，自制了竹片勾缝工具，轻便好使，勾完缝的墙面非常光洁，被大家戏称为“勾缝专家”。娄凝先同志在农场负责管理马棚、清理马粪。我在农场做泥瓦工搞基建，当时我算是壮劳动力，一袋50斤的洋灰扛起来就走，盖房子时我还会甩砖。甩砖是个体力活也是个技术活，一个人在下面用一把木锨一块块往上甩砖，上面的人单手即可接住，我那时干起来一点也不觉得吃力。后来，我还在农场值过一年多的夜班，从晚七点到早七点，我养了一条狗和我做伴。

“牛棚”杂忆这些事是“文革”时期比较文明的。在我被诬为“历史反革命”的日子里，我的家人和我一样承受着巨大的痛苦和压力，那时我就下定决心，一定要活着坚持到平反的那一天，所以我每天都早起锻炼身体。后来我每回想起那段时光，除了思想上觉得痛苦外，更有一种深切的遗憾，从1959年到1978年，我从年富力强到了年过半百，本来应该是干工作出成绩的年岁却被批斗、强制劳动改造，白白蹉跎了20年。这是我所走过的道路，也是我们那一代很多人所走过的道路，值得反思，引以为鉴！

落实政策与恢复工作

突如其来的落实政策

粉碎“四人帮”后，原来下放到农场劳动的教师、干部陆续回原单位，我是最后一个回去的。当时，我还曾留恋农场值夜班的工作，晚上去值夜班，白天回家。后来我又被分配到校内战备工地，与几个化工厂的工人在战备工地地道里抹墙。

“四人帮”被打倒后，新的天津市委于1977年11月派工作组进驻南开大学，组长是市委组织部部长马瑞华，组员有王金鼎、于愫等同志。一天，校专案组的人员找我，说工作组马瑞华同志找我谈话，我满脑子疑问地随他去了。见到马瑞华同志后，我站着和他说话，他让我坐下，我感到奇怪。谁知我刚坐端正了，马瑞华同志第一句话就是：“你的问题解决了。”随即宣布“落实政策，改变结论，恢复党籍”。乍一听到这个消息，我脑子里“嗡”的一声，便晕倒在地，醒过来后，大哭了一场。我坚持申诉了近20年，期盼的结果突然到来，思想上准备不足。

协助平反“南开大学地下党特务集团”冤案

在“文革”刚结束、校内正常教学秩序尚未恢复时，校领导分配我去落实政策办公室，协助校党委和工作组落实“南开大学地下党特务集团”冤案的工作。落实政策是一项严肃的政治任务，关系到每个受审查同志的政治生命和工作前途，要求认真核实调查，绝不能漏掉一个人。为便于工作，我整理出了一份包括300多人姓名和地址的南开大学地下党员和“民青”以及进步社团同学的名单。

说起这份名单，我也是得来不易。其中，有校友们提供的资料，有“文革”期间红卫兵抓“叛徒”时在报上公布的调查报告，还有许多是“文革”时期校外来人找我进行外调时我记录下的信息。那时，来外调的人要先经驻校工宣队或军宣队允许后才能找我，后来找我外调的人很多，工、军宣传队里有人曾说“李万华是南开大学的一本活字典”。对那些外调，我都如实反映被调查人在校时的情况，随后就用小纸条记下其姓名、单位，因为也常有同一个人有几个单位先后来外调的情况。这些我手边留下的小纸条，在整理落实政策名单时发挥了作用。

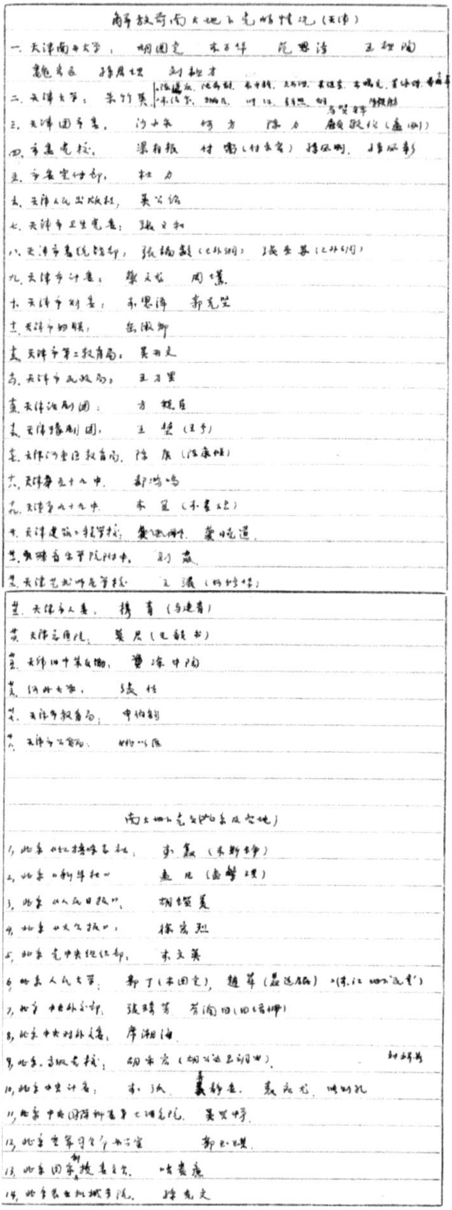

李万华整理的南开大学地下党员名单（部分）

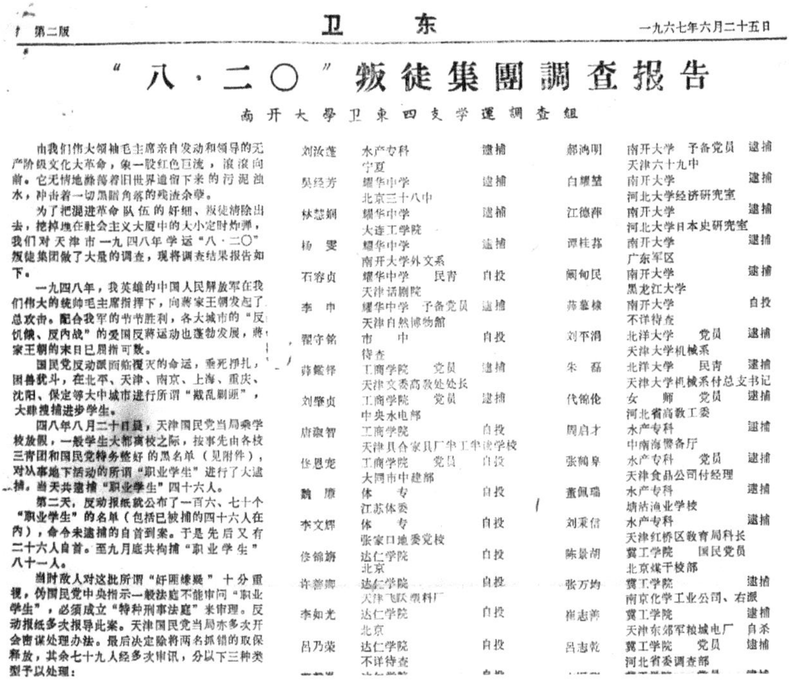

第二版　卫　东　一九六七年六月二十五日

“八·二〇”叛徒集團調查报告

南开大學卫東四支学運調查組

由我们伟大领袖毛主席亲自发动和领导的无产阶级文化大革命，象一股红色巨流，滚滚向前。它无情地涤荡着旧世界遗留下来的污泥浊水，冲击着一切黑暗角落的残渣余孽。

为了把混进革命队伍的奸细、叛徒清除出去，挖掉埋在社会主义大厦中的大小定时炸弹，我们对天津市一九四八年学运“八·二〇”叛徒集团做了大量的调查，现将调查结果报告如下。

一九四八年，我英雄的中国人民解放军在我们伟大的统帅毛主席指挥下，向蒋家王朝发起了总攻击。配合我军的节节胜利，各大城市的“反饥饿、反内战”的爱国反蒋运动也蓬勃发展，蒋家王朝的末日已屈指可数。

国民党反动派面临覆灭的命运，垂死挣扎，困兽犹斗，在北平、天津、南京、上海、重庆、沈阳、保定等大中城市进行所谓“戡乱剿匪”，大肆搜捕进步学生。

四八年八月二十日晨，天津国民党当局乘学校放假，一般学生大都离校之际，按事先由各校三青团和国民党特务整好的黑名单（见附件），对从事地下活动的所谓“职业学生”进行了大逮捕。当天共逮捕“职业学生”四十六人。

第二天，反动报纸就公布了一百六、七十个“职业学生”的名单（包括已被捕的四十六人在内），命令未逮捕的自首到案。于是先后又有二十六人自首。至九月底共拘捕“职业学生”八十一人。

当时敌人对这批所谓“奸匪嫌疑”十分重视，伪国民党中央指示一般法庭不能审问“职业学生”，必须成立“特种刑事法庭”来审理。反动报纸多次报导此案。天津国民党当局亦多次开会密谋处理办法。最后决定除将两名抓错的取保释放，其余七十九人经多次审讯，分以下三种类型予以处理：

刘汝蓬　水产专科　逮捕
宁夏
吴经芳　耀华中学　逮捕
北京三十八中
林慧娴　耀华中学　逮捕
大连工学院
杨　雯　耀华中学　逮捕
南开大学外文系
石容贞　耀华中学　民青　自投
天津话剧院
李　巾　耀华中学　予备党员　逮捕
天津自然博物館
瞿守铭　市　中　自投
待查
薛鑑铎　工商学院　党员　逮捕
天津文委高教处处长
刘肇贞　工商学院　党员　逮捕
中央水电部
唐淑智　工商学院　自投
天津县合家具厂半工半读学校
佟恩宠　工商学院　党员　自投
大同市中建部
魏　廉　体　专　自投
江苏体委
李文辉　体　专　自投
张家口地委党校
佟锦旖　达仁学院　自投
北京
许鑫卿　达仁学院　自投
天津飞跃塑料厂
李如光　达仁学院　自投
北京
吕乃荣　达仁学院　自投
不详待查

郝鸿明　南开大学　予备党员　逮捕
天津六十九中
白耀堃　南开大学　逮捕
河北大学经济研究室
江德萍　南开大学　逮捕
河北大学日本史研究室
谭桂荪　南开大学　逮捕
广东军区
阚甸民　南开大学　逮捕
黑龙江大学
苏鏊棣　南开大学　自投
不详待查
刘平涓　北洋大学　党员　逮捕
天津大学机械系
朱　磊　北洋大学　民青　逮捕
天津大学机械系付总支书记
代锦伦　女　师　党员　逮捕
河北省高教工委
周启才　水产专科　逮捕
中南海警备厅
张鹇阜　水产专科　党员　逮捕
天津食品公司付经理
董佩瑞　水产专科　逮捕
塘沽渔业学校
刘秉信　水产专科　逮捕
天津红桥区教育局科长
陈景湖　冀工学院　国民党员
北京煤干校部
张万均　冀工学院　逮捕
南京化学工业公司、右派
崔志善　冀工学院　逮捕
天津东郊军粮城电厂　自杀
吕志乾　冀工学院　党员　逮捕
河北省委调查部

1967 年 6 月 25 日，南开大学卫东四支学运调查组在报上公布的“八二〇”叛徒集团调查报告

在工作组和校党委领导下，南开大学于 1978 年 12 月 12 日召开了落实政策平反昭雪大会，天津市委常委李研吾同志出席并讲话。会上宣布为“南开大学地下党特务集团”冤案平反，为受迫害的同志平反昭雪、恢复名誉，把强加给这些同志的一切污蔑不实之词统统推倒，并为他们受株连的家属亲友消除影响。会后，我按照整理出来的受迫害同志的名单和地址，把落实政策材料寄出去。材料包括两份文件：一份是中共南开大学委员会《关于为南开大学地下党特务集团冤案平反的决定》，一份是南开大学揭批查运动办公室印发的《揭批查快报》第 23 期，上面有对落实政策平反昭雪大会的详细记录。

揭 批 查 快 报

南开大学揭批查运动办公室

第23期
1978年12月15日

内部材料　注意保存

我校召开落实政策平反昭雪大会

为“南开大学地下党特务集团”冤案平反

市委常委李研吾同志出席大会並讲话

十二月十二日下午，校党委再次召开落实政策平反昭雪大会，为“南开大学地下党特务集团”冤案平反。

参加大会的有市委常委李研吾同志，市革委文教组组长、市委驻南开大学工作组组长王金鼎同志，市委组织部落实政策办公室主任娄化民同志，市科委付主任、原南开大学地下党负责人之一沙小泉同志和从本市及外地赶来的原南开大学地下党、地下“民青”、“民联”成员以及南开大学校友共五十余人。

大会宣读了市委《关于召开为“南开大学地下党特务集团”冤案平反大会请示报告的批复》和南开大学党委《关于为“南开大学地下党特务集团”冤案的平反决定》以及因“地下党特务集团”冤案受到迫害，应由南大党委落实政策的同志平反昭雪的决定和名单。

南开大学是敬爱的周总理的母校，广大师生员工具有光荣的革命传统。南开大学地下党组织是一个具有光荣革命历史的战斗堡垒，在解放战争时期，在上级党组织的领导下，正确地执行了党的地下工作方针，发动群众，依靠群众，同国民党反动派进行了英勇的斗争，始终是天津学生运动的中坚力量，给了国民党反动派以沉重打击，为党输送了大批干部，为中国人民革命事业做出了应有的贡献。

文化大革命中，天津市某些负责人，紧跟林彪、“四人帮”，积极推行反革命修正主义路线，阴谋篡党夺权，残酷迫害广大干部和知识分子。他们肆意颠倒敌我关系，利用反革命分子诬陷革命同志，手段极其恶毒。他们利用国民党中统特务分子伪造的材料，把南开大学地下党诬陷成“特务集团”，对解放前南开大学地下党员和“民青”、“民联”的成员以及进步学生共三百多人进行了审查。其中一些同志长期被隔离审查，一些同志被捕入狱、判刑，一些同志被迫害致疯、致残、致死。他们的家属、亲友受到株连，波及全国，后果极为严重。

校党委报经市委批准，决定为“南开大学地下党特务集团”冤案平反，为受迫害的同志平反昭雪，恢复名誉，把强加给这些同志的一切诬蔑不实之词统统推倒，并为他们受株连的家属、亲友消除影响。

会上，教职工代表胡国定同志及受迫害同志的家属代表作了批判发言。他们愤怒揭发批判了天津市某些负责人忠实执行林彪、“四人帮”反革命修正主义路线，在南大制造“地下

1

李万华邮寄的落实政策材料：《揭批查快报》第 23 期

刘焱同志曾担任南开大学地下党总支书记，他有一个地下党工作记事本，“文革”期间记事本被抄走了，“文革”后清退文件，记事本又归还给了他本人。刘焱同志将记事本上记载的“解放前南开大学地下党组织系统表”及地下党员、“民青”名单给我看。这是一份非常珍贵的历史资料，我建议他将名单复印交组织部存档。后来，这份名单在落实政策、确定离退休人员方面发挥了重要作用。

恢复工作与筹备法律系

落实政策后恢复工作，学校里最先找我的是物理系党总支书记俞运科和系主任张光寅，他们希望我回物理系工作，我当时就回绝了。“文革”初期，我是物理系被批斗的重点对象之一，斗争残酷时，经常遭到批斗和打骂，这些事在当时都是常情，可以谅解。问题是我知道物理系在“文革”时是重灾区，实验室的仪器设备被毁，物资散失，部分教师和辅助人员离校，人去楼空，我去了也不可能有所作为。那时，吴大任先生也希望我回物理系。“文革”以前，吴大任先生分工领导理科各系，也常到物理系指导工作，了解情况。他还让我爱人动员我回物理系工作，他说要尽快恢复教学工作，人才难得。

后来，校领导任命我为教务处副处长，处长是老同志陈英，同时调数学系办公室主任王大璲为副处长，让他负责文科，我负责理科。处内分工时，我表示因我被迫长期劳动，对理科已毫无了解，对刚出现的计算机等更不知为何物，管理理科有困难，便请王大璲同志负责理科，我负责文科。当时，吴大任副校长领导教务处和科研处，教务处下设教学科、科研科、注册科。我负责文科成为此后我参与筹备文科专业和恢复经济学院的契机。

我记得刚到教务处工作不久，有一天副校长胡国定到市里开会，见到了时任天津市委书记胡启立，胡启立书记对胡国定说，南开大学应该有法律系。胡国定校长回校后作了传达：市里指示了，南开大学要办法律系。南开大学没有办过专门的法律系，我曾听图书馆馆长冯文潜老师说过，南开大学的相关法律资料都被教育部调走了。既无师资又无资料，怎么办法律系？我们当时的想法是，既然国家需要，没有条件也要干。

很快，南开大学成立了法学系筹备小组，我受命担任筹备组组长。要筹办法学系，首先要组建领导班子。经了解，我校外文系教师潘同龙毕业于北京大学法律系，是科班出身，后来才改行搞外语教学，于是，我们请潘同龙任法学系系主任。同时，我们请时任图书馆副馆长盛元山任法学系党支部书记。盛元山是转业军人、团级干部，曾参加过抗美援朝，他在考虑两天后欣然同意就任。这样，我校法学系第一任领导班子人选就确定了下来。

其次是招生问题。落实政策后，我被市里任命为天津市招生办公室副主任，那时，娄平副校长负责南开大学招生工作，我就找到娄校长商量，建议法学系招生实行文理兼收，娄校长同意了我的建议。唐山大地震后，我校很多教师住在临建棚里，有的学生住在图书馆里，教职工及学生的住宿十分紧张，因此，法学系招生后学生的上课、住宿问题都亟待解决。面对这些困难，经过多方协调，我校法学系于 1980 年正式成立并开始招生，第一年招生 50 余人，实行专科三年制，租吴家窑小学的教室上课，学生先走读。一年后，法学系改为本科，第一届法学系专科生补上一年转为本科生。

李万华在校办期间的工作记录本

因师资缺乏，当年法学系招聘教师时实行过登报招考，以考试成绩作参考，综合考虑专业素养、个人素质等因素，择优录取，还曾聘请过一个在中学教书的年轻人。可以说，南开大学法学系就是在条件尚不具备、面临诸多问题的情况下办起来的，后来经过摸索，逐渐上了轨道，有了进一步的发展。

调任校长办公室主任

1982 年，因校办主任石玉民同志将要离休，我被调任校长办公室主任。校办的工作头绪很多，我准备了专门的工作记录本。我很早就形成了写日记的习惯，1949 年前的日记我在审干期间交给了审干办公室，因而得以保留，“文革”后清退文件时又归还给了我。在校办工作时，我也注意做好工作记录，一是因为事情繁杂，详细记录以备忘；二是很多事情记录清楚，将来有档可查，有据可循。

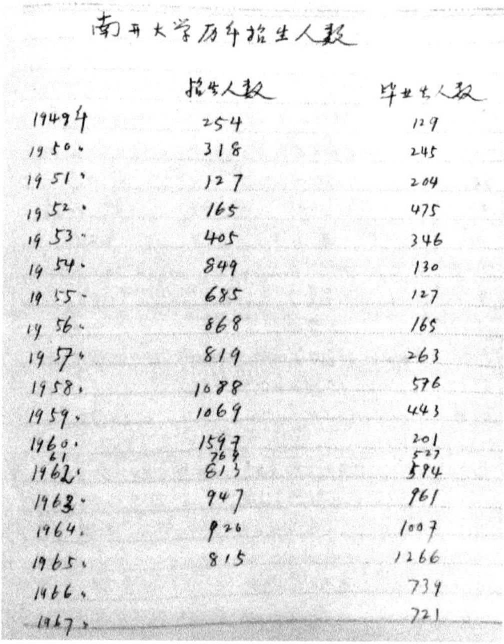
南开大学历年招生人数

	招生人数	毕业生人数
1949年	254	129
1950.	318	245
1951.	127	204
1952.	165	475
1953.	405	346
1954.	849	130
1955.	685	127
1956.	868	165
1957.	819	263
1958.	1088	576
1959.	1069	443
1960.	1597	201
61	769	527
1962.	613	594
1963.	947	961
1964.	926	1007
1965.	815	1266
1966.		739
1967.		721

李万华所做“南开大学 1949—1979 年历年招生人数和毕业生人数”统计表

我在工作记录本上做过很多与学校发展相关数据的统计、比较、分析，包括南开大学1949—1979年历年招生人数和毕业生人数、南开大学自1950年以来30年间的专业设置变化情况、各系教职员工名单及个人信息统计表，此外还有部分综合大学招生专业、人数的统计和比较资料等。

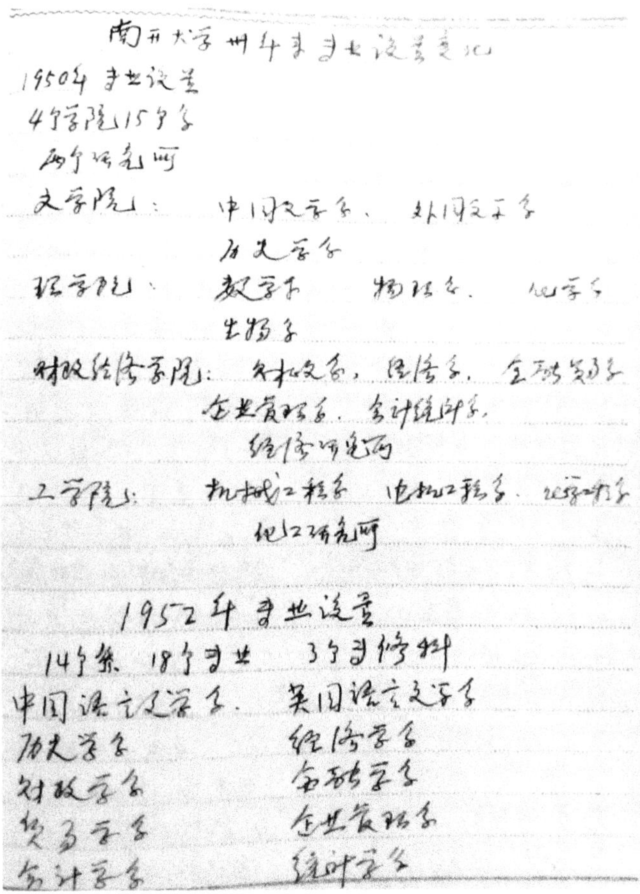
南开大学卅年来专业设置变化

1950年专业设置
4个学院15个系
两个研究所
文学院：中国文学系、外国文学系
历史学系
理学院：数学系 物理系、化学系
生物系
财政经济学院：财政系，经济系，金融贸易系
企业管理系，会计统计系，
经济研究所
工学院：机械工程系 电机工程系 化学工程系
化工研究所

1952年专业设置
14个系 18个专业 3个专修科
中国语言文学系 英国语言文学系
历史学系 经济学系
财政学系 金融学系
贸易学系 企业管理系
会计学系 统计学系

李万华所做“南开大学30年来专业设置变化”统计

之所以做这些统计资料，是因为我曾是杨石先校长的秘书，同时在吴大任校长领导下工作，经常要向他们汇报工作、提供资料、提出建议，我向杨老、吴老提出的建议，都是有根据的。另外，有人到南开大学参观访问、了解情况时，我负责陪同和介绍学校情况，必须要做到心中有数。有一些关于清华、北大等高校的相关比较和分析，主要是为了知己知彼，摸清情况后提出对策，不要落后。根据我当年的统计资料，1980 年南开大学重点学科有 15 个，那时，杨老、吴老曾让我专门跑教育部，争取前五名，南开大学当时是具备这个实力的。

从事校友会工作的经历与体会

1979年南开大学60周年校庆

我在教务处工作时，有一天突然接到从清华大学打来的电话，被告知了一个重要消息。清华大学通过在台湾的清华校友得知，在台湾的南开校友准备在校庆60周年时举办张伯苓校长诞辰纪念活动。当时大陆与台湾之间的敌对情绪还比较重，我赶紧将此消息报告给吴大任先生，他立即找黄钰生先生商量对策。因为校友会是加强海内外校友之间友好往来的组织，因此他们决定要将南开校友会在南开大学恢复活动的消息传播出去。

此前，校党委准备隆重庆祝南开大学60周年校庆，由娄平副校长主持筹备工作。娄平同志指派时任副教务长刘焱负责组织编写校史，为此还从历史系找来梁吉生、窦爱芝、杨珣三位青年教师。他们收集资料，访问老校友，编写了《南开大学六十年》，作为向校庆60周年的献礼。同时，学校还准备建立周总理纪念碑。我负责联系校友返校的有关事务，组织京津两地1946至1948级三届（后来称“老三届”）校友返校。

之所以让我负责联系校友，是因为我在落实政策后受校领导指派，协助校党委和工作组平反“南开大学地下党特务集团”冤案的工作，后来将落实政策材料给“文革”中受迫害的同志寄去，因此，和很多校友取得了联系。1979年2月21日，中共中央为刘仁同志举行追悼会，京津两地的原地下党员都赴北京参加追悼会。解放战争时期，刘仁同志任中共华北局城工部部长，领导和组织平、津、唐等地广大地下党员开展斗争。我受指派，负责南开大学原地下党员的组织、联络和带队工作，也因此机会得以与更多的校友取得联系。追悼会结束后，京津两地的原南大地下党员在北京的新疆饭店联欢，相约有机会一定回母校聚会。

1979年2月21日，参加刘仁同志追悼会的京津文教系统原地下党员合影（第三排左二为李万华）

筹备校庆，在当时可谓困难重重。经历了十年“文革”

和 1976 年唐山大地震，学校被天灾人祸破坏严重。学校资金也十分紧张，不可能用来接待诸多校友，许多事情我只好找校友们帮助解决。当时校内外联系还没有电话可利用，多靠骑自行车或走路。为方便联系，我将天津市内校友们划片，分成几个联系区，如天津大学区、河北大学区等，每个区请一位校友做“片长”，有要办的事，我就骑车或走路去通知“片长”，“片长”再分头去通知他联系的诸位校友。北京的校友，在参加刘仁同志追悼会后我联系得较多，其他外地校友，只有靠信函，或托请熟人转达。就通过这种联系方式，京津两地有 300 余人返校参加 60 周年校庆。

参加刘仁同志追悼会的天津原地下党员合影（第一排右六为沙小泉；第二排右四为刘焱，右八为吴开文，右九为王祖陶；第三排左五为李万华）

1979 年 10 月 17 日，南开大学 1946—1948 年在学部分校友参加母校 60 周年校庆与校领导合影留念

接待外地校友最为难的是他们的住宿问题。唐山大地震后，天津市政府出资在南开大学北村建了几栋被称为“高知楼”（即分配给高级知识分子的住房）的宿舍，准备分配给南开和天津财经学院的教授，这时刚好建成了两栋。学校决定将所有学生宿舍可以腾空的双层床搬来，又通过校友帮忙，从市里旅店租来铺盖卷，安排校友住宿。返校参加活动的校友每人交 5 元钱。校友们都不在乎吃住条件差，当他们看到母校被破坏的情况，都纷纷表示：以后有办法了，一定帮助母校恢复原来的面貌。后来我因学校各种事情找到校友时，他们都尽力帮忙。

1979 年 10 月 17 日校庆当天，时任国务院副总理方毅同志、科学院学部委员、省部级领导干部出席，有 300 多位校友参加。时任校党委书记张再旺同志安排指挥，他说：“今天来了这么多校友和中央领导同志，我来接待这些领导同志，娄平同志陪杨老、吴老参加校友活动。”因此，中央领导、贵宾和张再旺书记没有参加当天的校友合影。学校已与媒体联系好，在校庆当天晚上，由新华社对外播放了“南开大学 60 周年校庆，南开校友总会在天津南开大学恢复活动”的消息。

校庆大会在电影广场召开。所谓的电影广场，就是现在的行政楼与老图书馆之间的一大片空地，南面的一座二层建筑当时是学校大礼堂（后曾作为学生活动中心，现为海冰楼）。在大礼堂的北面靠墙搭了一个小平台，作为主席台。当年学校没有开大会的场所，这样一个简陋的大会场，当时我们却并不觉得寒碜。学校集中了大量凳子，校友每人一个，集合整队后，由我带队进入会场，在主席台下面依序就座。

会后，校友们在老图书馆门前合影留念。几百人的大合影，当时也成了难题，多亏校友帮忙找了专门给市领导开大会照相的营业单位，带了设备来校摄影。洗印这么大的照片没有合适的洗印池，也是由校友设法帮忙解决的。

1979 年 10 月 17 日，南开大学 60 周年校庆返校校友与校领导合影留念局部（二排居中为杨石先，右六为吴大任，右五为滕维藻，右四为娄平，一排右三为胡国定）

1946 至 1948 级三届校友给母校送了一块匾，匾上的题词很费心思，既要契合时代精神，又要体现校友们的思想理念。我往返京津，广泛征求校友们的意见。天津诸多校友的意见不一，我又一次去北京，把在京工作的、当年学运中的老领导、老战友们聚在一起讨论，最后由在人民日报社任记者的胡鑑美（我们都称她为“南开才女”）提出古人名言“天下兴亡，匹夫有责”，京津校友一致同意这个题词。我请天津大学的书法家王学仲先生书写了这八个大字，最后由李耐波同志找他在职的单位取材料并加工完成，挂放在老图书馆门口上方，让学生们到图书馆时抬头即能看见，昭示后来人。

老三届校友为母校 60 周年校庆敬献的匾额

筹备恢复南开校友总会

60 周年校庆后，学校决定要尽快恢复校友总会。鉴于“文革”中各种造反组织风起云涌，乱象丛生，国家规定禁止成立民间组织。恢复校友会必须申请登记注册，我到天津市教委、民政局请示并询问有关手续，他们都表示不知道、不了解。我去问清华大学相关人士，清华因从未停止过校友会活动，所以不存在申请恢复的问题。南开大学历史上虽早就有校友会，但抗日战争开始后学校被毁，南开中学、重庆南开中学也都找不到校友会组织的相关资料。当时，我实在不知道应如何写申请、向何处申请，便向吴大任先生反映情况，他让我去向教育部、民政部请示。我又带人去北京，先到教育部，教育部说他们无经管校友会的任务。后来，我从天津两位校友穆青、方沉处了解到，时任民政部副部长崔乃夫同志是他们的初中同学，从他那里了解到民政部主管审批民间组织。民政部主管部门让学校呈报具体说明校友会组织性质、章程等内容的材料，这才有了一点头绪。于是，我参照有的商业公司的组织章程，草拟了一份《南开校友总会章程（草案）》，呈吴大任先生批示、修改后定稿并上报民政部。

经过筹备，在 1980 年 10 月 17 日校庆日当天，南开校友总会重建并正式恢复活动大会在南开中学召开，有 600 多名校友参加了大会。会议由时任南开中学校长杨坚白主持，黄钰生先生致开幕词，我在会上汇报了国内外校友活动概况。此次会议通过了《南开校友总会章程》，推举杨石先校长为南开校友总会名誉理事长，黄钰生先生为理事长，吴大任、杨坚白、杨肖彭为副理事长，我为秘书长。后来，为了便于开展工作，南开系列学校各出一个副秘书长。会议还做出一系列相关决定：在南开大学设立校友联络处；以后校庆 10 年一大庆，5 年一小庆；恢复出版《南开校友通讯》，初复刊时每年出一期，后来每年出两期，作为联系校友的桥梁。

会议当天中午，校友们在南开中学聚餐，黄钰生先生提出建议：校庆时校友返校，犹如闺女回娘家，是来送礼做奉献的，吃饭要交费。于是规定每人交半斤粮票、5 角饭费。但由于校友来自各地，粮票有地方的、有全国的，收起来太麻烦，黄老又决定粮票免收了，但饭费必交。由此，这就成了规矩，每逢校庆校友返校，都由校友联络处收饭费，集中向学校食堂买饭。

我在校长办公室工作时，工作头绪很多，又要兼顾校友会的工作，实在忙不过来，便想到了从后勤部门调到校办工作的张书俭同志。她工作细心勤恳、乐于助人，正适合做联络校友的工作。商得有关领导同意后，张书俭同志被调到校友会工作。她虽然先后做过乳腺癌、胆囊等手术，但仍以工作为重，手术后也不休息，至今已 80 多岁了，还坚持到校友会义务工作。她这种不辞辛劳、为校友服务的精神，令人感佩。

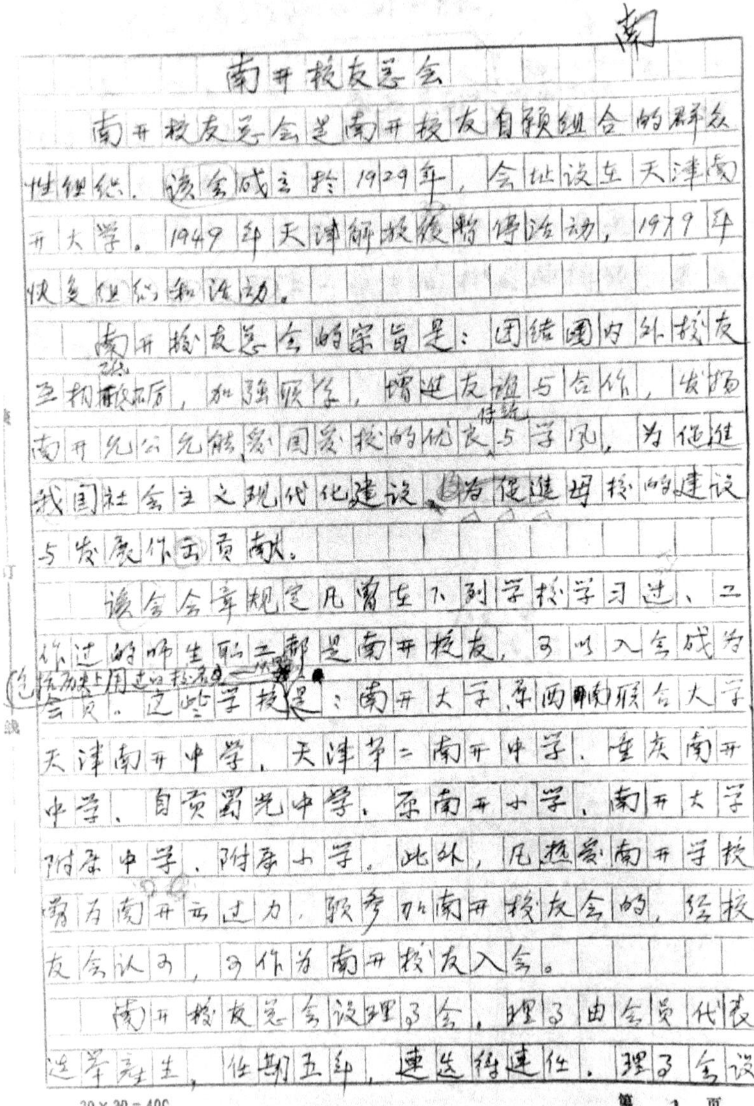
南开校友总会

南开校友总会是南开校友自愿组合的群众性组织。该会成立于1929年，会址设在天津南开大学。1949年天津解放后暂停活动，1979年恢复组织和活动。

南开校友总会的宗旨是：团结国内外校友互相联络，加强联系，增进友谊与合作，发扬南开允公允能、爱国爱校的优良传统与学风，为促进我国社会主义现代化建设、为促进母校的建设与发展作出贡献。

该会会章规定凡曾在下列学校学习过、工作过的师生职工都是南开校友，可以入会成为会员。这些学校是：南开大学、西南联合大学、天津南开中学、天津第二南开中学、重庆南开中学、自贡蜀光中学、原南开小学、南开大学附属中学、附属小学。此外，凡热爱南开学校曾为南开出过力，愿参加南开校友会的，经校友会认可，可作为南开校友入会。

南开校友总会设理事会。理事由会员代表选举产生，任期五年，连选得连任。理事会设

20×20=400　　第 1 页

李万华草拟的《南开校友总会章程（草案）》

南开大学文件

南报字（1992）28号

关于南开校友总会挂靠南开大学的报告

南开校友总会在1979年南开大学建立六十周年时，应广大校友的要求，于1980年向原教育部请示，获准恢复活动。南开校友总会挂靠在南开大学，由校长办公室负责其工作上的联系。

南开大学

一九九二年五月廿九日

1992 年 5 月 29 日的校发文件《关于南开校友总会挂靠南开大学的报告》

国家教育委员会文件

教办[1992]278号

关于同意“南开校友总会”重新登记的批复

南开校友总会：

经研究，同意南开校友总会重新登记。该会挂靠南开大学。请按照社团管理条例的要求，备齐所需材料到民政部办理申请登记手续。

国家教育委员会

一九九二年六月十六日

主题词：团体　登记　南开大学　批复

抄　送：民政部，南开大学

1992年6月16日，国家教委文件《关于同意“南开校友总会”重新登记的批复》

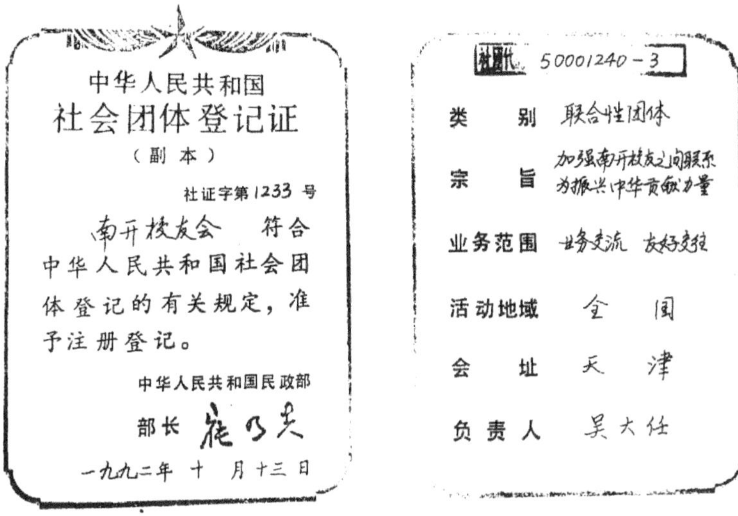

中华人民共和国
社会团体登记证
（副本）

社证字第1233号

南开校友会 符合中华人民共和国社会团体登记的有关规定，准予注册登记。

中华人民共和国民政部
部长 崔乃夫
一九九二年十月十三日

社團代 50001240－3

类别 联合性团体
宗旨 加强南开校友之间联系 为振兴中华贡献力量
业务范围 业务交流 友好交往
活动地域 全国
会址 天津
负责人 吴大任

1992 年 10 月 13 日由民政部下发的南开校友会登记证

自 1989 年起，国家开始进行对社会团体的清理整顿和复查登记工作。民政部于 1992 年 4 月 21 日专门下发了《关于在社团清理整顿工作中对校友会问题处理的通知》。在此期间，南开大学已于 1991 年 12 月 12 日向民政部和天津市高教局提交了《南开大学关于南开校友总会申请登记的请示》。获得国家教委《关于同意“南开校友总会”重新登记的批复》后，按照社团管理条例的要求，我们到民政部正式办理了注册登记手续。1992 年 10 月 13 日获民政部“准予注册登记”后，南开校友总会成为独立社团法人，挂靠南开大学。至此，南开校友总会成立的法定手续才算正式完成。

南开校友总会的办学经历

党的十一届三中全会召开后，以邓小平同志为核心的党中央，拨乱反正，落实知识分子政策，恢复高考。当时大学不多，招生名额有限，不能满足广大社会青年的要求，国家就鼓励大学办分校，鼓励社会力量办学。南开大学响应国家号召，在1979年就办起了分校，以数学、财经专业为主，地点在八里台和杨柳青。天津大学也办了分校，以工科专业为主。但分校是一个历史产物，存在时间较短，后来因生源不够、维护及管理负担较重、教学质量难以保证（与正规大学生招生分数不同、实行走读）等诸多原因而逐步取消。那时，国家还提倡在加强正规教育的基础上兴办业余教育、成人教育。1981年，教育部成立了自学考试委员会，特聘南开大学吴大任教授、天津大学赵今声教授为委员。

当时不少校友的子女从农村返城，希望补习文化参加高考，但社会上还没有这种补习文化课程的机构，我就找来南大附中的老师给这些孩子补习数、理、化等科目。他们经过“文革”中停课闹革命、上山下乡劳动等一系列运动，能有再次学习的机会都很珍惜，后来这些孩子参加高考，不少人升入大学，有的在大学毕业后还出国深造。随着要求补习文化的青年越来越多，我向吴大任先生建议，以南开校友会的名义办一个进修学校，聘请刚离休的南大附中校长冉亚（我在哲教系的同班同学）主持校务，为扩大影响，请吴大任先生担任名誉校长。大任先生欣然同意，并提出：办这所学校不应以牟利为目的，应坚持廉洁办学，要符合南开精神，以社会效益为宗旨。

成立学校需立案批准，并交纳 3 万元注册资金，南开大学难以提供这笔钱。为此，我找校友们借钱，也是困难重重，最后，还是时任二轻局领导的校友李耐波帮了忙。他先提供了注册资金，之后提出在二轻局范围内没有达到初中水平的职工，一律进入南开校友会办的业余进修学校学习，每人交费 40 元，单位可以报销，这种两利的措施一下子促使几百人入学。开学典礼在当时的天津大礼堂举行，吴大任先生、冉亚、李耐波等出席并讲话。

业余进修学校成立后，我们在柳州路原南开大学经济研究所旧址附近租了一间办公室，并租了附近中小学的教室上课，教师由冉亚聘请。办学后，学校有了经费，除还清了注册资金借款外，还自行筹措发放了给任课教师的报酬，并购置了必要的教学设备。天津市教育局对业余进修学校很重视，规定业余进修学校的经费，上级（南开校友总会）不能动用。经过一段时间办学后，社会上对业余进修学校反映良好，教育局决定改校名为“业余进修学院”。随后，学院增加了课程，增聘了教师，教育局又让改名为“业余专修学院”，扩大招生规模。那时，业余专修学院每年在市里评优时都得奖，这都是冉亚主持业余教育的成就。

对校友会工作的感受和思考

从 1979 年开始筹备校友会以来，可以说，我就没有离开过校友会。此后，我在南开大学做的工作，从经济学院到校友会，没有哪一件事情不是校友帮忙促成的，我心中始终记得那些曾经帮助过南开的校友们。在几十年的工作中，我对校友会工作也有自己的一些感受和想法。

做校友工作要细致周到，对校友要真诚相待、序齿不序官。南开大学有位化工系校友，后来在航天部工作，曾到哈佛大学短期进修，为时半年。后来哈佛校长到北京开会，邀请哈佛校友们聚会，哈佛大学专门给他发来邀请信，请他参加校友聚会。他本人很诧异，觉得自己才去了哈佛半年时间，也算哈佛校友了？由此可见，哈佛的校友工作做得非常细致。

为什么哈佛校友都愿意给母校捐款？这并不是一件简单的事情。2014 年，哈佛大学校友、香港富豪陈乐宗先生向哈佛大学公共卫生学院捐赠了 3.5 亿美元，这也是哈佛大学建校以来获赠的最大一笔捐款。我想这其中的原因，一方面是因为国外大学的基金管理和运作比较成熟，像哈佛大学有专门的基金管理委员会，有知名、权威人士在基金会任职，账目公开、透明，捐赠人可以相信自己的捐款能够发挥应有的作用；另一方面则是因为哈佛对待校友的态度以及校友会工作的传统，使校友们对母校有深厚的感情和信任，愿意为母校的发展贡献力量。这是非常值得我们学习的宝贵经验。

办校友会要发扬南开艰苦奋斗的传统。过去，南开一直是个穷学校，北大有公款，清华有庚款，南开靠捐款，但南开穷有穷办法，一直艰苦奋斗，越难越开，发展到今天绝非易事。20 世纪 80 年代，学校各项事业都亟待发展，资金很紧张，没有能力资助校友会，所以那时我在校办兼管校友会工作时都是依靠校友的力量，通过校友会联系校友、开展活动，为学校的发展服务。每逢校庆校友返校，都按当初黄老提议的“校友回母校是来做奉献的”去做，校友们给学校送礼物、吃盒饭，而不是学校宴请招待校友。我想南开人应该树立并保持这样一种传统，搞校庆和校友会活动要发扬南开人艰苦朴素的作风，精打细算，千万不能大手大脚。

80 年代恢复组建经济学院

恢复组建经济学院的背景与契机

经济学科是南开大学的传统优势学科。南开大学于开办之初即设立了商科，1927 年组建了社会经济委员会（经济研究所前身），1931 年正式成立经济学院。1946 年南开大学复校后设立了政治经济学院，1949 年，改称财经学院。院系调整后，大学里的“院”被取消了，财经学院改为系和专业的设置。1958 年河北财经学院（现天津财经大学）成立时，南开大学经济系会计、统计专业并入该校，只保留了搞基础理论研究的政治经济学专业。此后，南开大学 9 系 1 所的专业设置维持了近 20 年，直到 20 世纪 80 年代初经济学院恢复组建。

党的十一届三中全会召开后，国家开始实行改革开放，需要大量经济、管理人才，这一社会经济发展形势为南开大学经济学科的复苏和发展带来了新的历史机遇。时任天津科技局局长贾火是南开校友，她到教育部开会，会上说希望南开大学恢复传统优势学科。贾火回来后把会议记录给我看，我立即向滕维藻校长汇报了这一情况。1980 年 12 月 23 日，教育部高教一司司长黄天祥和外语处处长刘祖才等几位同志到南开大学调研，在座谈会上向南开大学党政领导班子提出，南开大学要恢复传统优势学科。滕校长在充分征询意见后，果断地提出发展南开经济、管理学科的传统优势，重建南开经济学院，校党委书记张再旺全力支持这一提议。因此，经济学院的筹建工作自始便得以在强有力的党政领导下顺利进行。

当时，一个偶然事件的发生对经济学院的恢复组建起到了关键的推动作用。1981 年 9 月，中国人民银行教育司副司长方磊到天津出差，其间到南开大学看望老战友姚耀。姚耀同志是李国骥的爱人，从部队转业后先后在我校物理系、中文系学习，曾任中文系党总支书记、校纪检委书记。姚耀夫妇得知方磊此行是要找天津财经学院商讨联合培养干部的项目后，便抓住时机，向方磊介绍南开大学财经学科的优势，争取投资合作。当时，我在教务处工作，分管文科，和姚耀夫妇是邻居，他们便把我介绍给方磊。方磊在了解南开大学情况后，认为南开大学是知名大学，便欣然同意开展合作。此后，双方经过十多次京津往来、协商，即达成了投资合作办学的协议。

其间也有一些波折，天津财院领导得知我校筹建经济学院的情况后，找到市文委和中国人民银行总行，认为财院既然已经有了金融等财经系科，南开大学为什么还要搞。经过及时的沟通、反映情况，南开大学得到市里有关领导的理解和支持。

正是上述这一偶然机会，南开大学与中国人民银行建立了联系，不仅为学校争取到投资，也为后来与中国农业银行、中国人民保险总公司等单位的合作打开了局面。促成一件事，往往是必然因素和偶然因素共同作用的结果。改革开放后南开大学恢复传统优势学科是必然之举，和中国人民银行进行合作则是个偶然机会，这样的机遇可遇而不可求。姚耀、李国骥、方磊等人在关键时刻、关键事情上帮了忙，为学校发展做出了贡献，校史中不应忘记。

南开大学旅游系——中国高等院校第一个旅游系

南开大学旅游系是“文革”后在老九系基础上新建的第一个系，是国内高校第一个也是当时唯一一个旅游系。我国于1978年实行改革开放后，旅游业获得了很大发展，国家急需旅游业人才，决定兴办旅游教育。历史系老校友席潮海时任国家旅游局办公室主任兼政策研究室主任，他是魏宏运的同系同学，也是我曾经联系的地下“民青”，后来曾任西藏大学副校长。席潮海找到魏宏运，提议在南开大学办旅游专业，国家旅游局可投资。

筹办旅游系时，来自校内外的阻力很大。因国内尚无先例，校领导层意见不尽一致，杨老、吴老都觉得“旅游”是雕虫小技，没有学术含量，不适合在大学里搞，不少专家学者也觉得南开大学搞旅游不像话，因此，此事曾一度搁置。后来听说美国夏威夷大学有旅游系，领导层才最终统一认识，决定成立旅游系。

南开大学旅游系最初发轫于历史系。前期的诸多工作，由魏宏运牵头，历史系办公室主任薛蕃安与旅游总局联系、谈判。合同拟定好后，需要学校负责人签字，杨老、吴老都犹豫，时任副校长娄平说："他们不签字，我签字。"于是，南开大学成立旅游系签订的合同是娄平副校长代表学校签字。1981年5月，经教育部批准，我校历史系新增设旅游外语专业，实现当年投资、当年招生。筹建经济学院后，旅游专业才从历史系划出，单独建系。

历史系当时的办公用房相当紧张，往往是用几个书柜将一间屋子一隔为二，供办公、教研使用，但他们顾大局，由他们牵头联系来的投资，由全校统一使用。1982年，教育部批准南开大学盖一个外文楼，图纸已完成，但外文系没有这笔经费。我当时在教务处管文科，便找到外文系系主任商量，表示建外文楼的钱可从旅游局的投资中拨出，楼建成后一系一半。1984年8月我校第七教学楼建成后，由外文系和旅游系共同使用。

旅游系系主任的人选需要既懂经济又懂外文，学校领导研究后，把经济研究所的何自强教授请来担任旅游系首任系主任。何自强先生毕业于南开大学经济研究所，抗战期间曾当过美军翻译官。他的夫人黄婉毕业于哲教系，毕业后经黄钰生先生介绍留在南开大学幼儿园工作，曾先后担任幼儿园园长、附小校长、附中校长。后来有位新加坡副总理到中国考察，他说：中国第一个懂得旅游的就是南开大学何自强。

筹建经济学院

旅游系成立后，学校领导层进一步认识到开门办学的好处，加上此前教育部表示，希望南开大学恢复传统优势学科，因此，学校对恢复组建经济学院更加有信心。1981年11月10日，校党委开会决定尽快恢复财经科系，并成立在校长直接领导下的经济学院筹备组，下设一个办公室做具体工作。当时南开大学校园内有一片空地，校党委书记张再旺同志说："你们去跑，只要能争取到投资，你们就大胆进行。"在校领导的大力支持下，我欣然接受了校长的指派，着手做筹建经济学院的具体工作。

20世纪80年代初，经历了"文革"及唐山大地震的南开大学，办学条件是相当差的，但是南开毕竟是一所有几十年历史的老学校，它历经沧桑，从而培育出一种代代相传的锲而不舍的精神。南开大学的创办人之一张伯苓老校长，一生为办教育而各方奔走，不辞辛苦地为南开大学募集办学经费和延聘师资，他的足迹所至就是一本"社会赞助册"。张伯苓老校长一生公而忘私的办学精神堪称我们后来人的楷模。

以老校长张伯苓为榜样，我和李国骥、王大璲等同事们本着"脑袋尖、腿脚快、嘴巴勤"的劲头和"硬着头皮、厚着脸皮、磨破嘴皮"不怕困难的心情，开始艰苦地跑"部"工作。我那时想，张伯苓校长当年办学遇到的困难比我们要多得多，他都不怕我怕什么；再说，南开有老九系的坚实基础，争取和其他单位合作办学，培养人才，实现双赢，我为什么不能理直气壮地说“南开希望和你合作办学”。

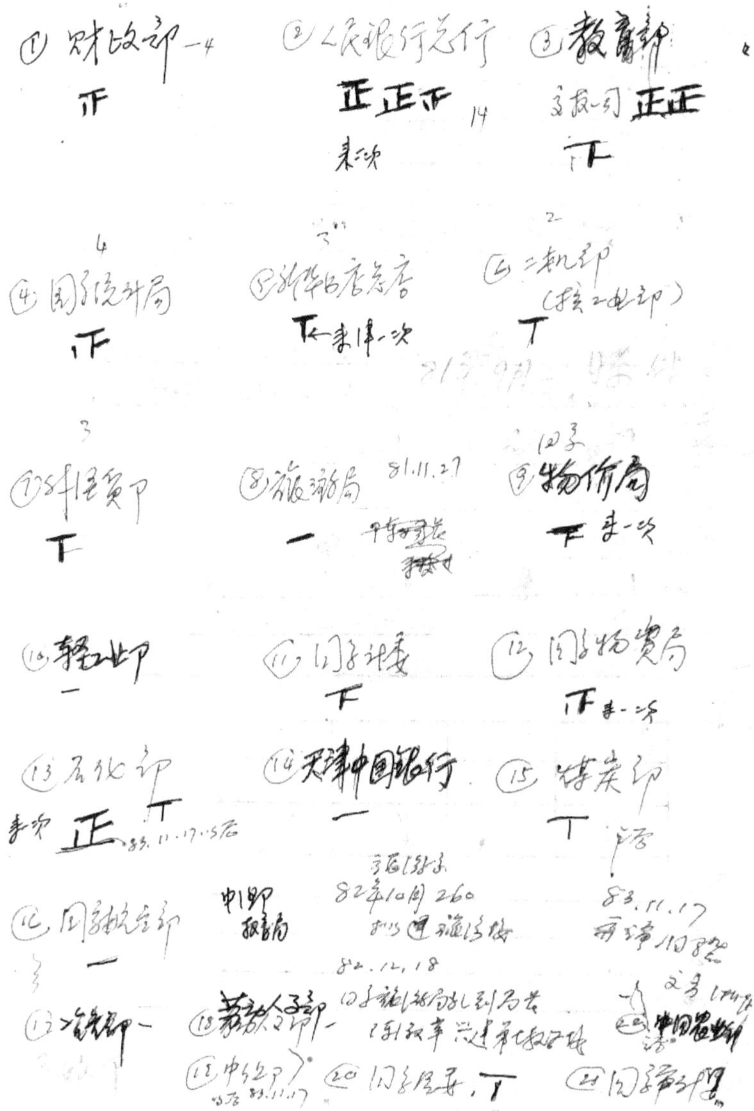

20 世纪 80 年代李万华所做的到访合作单位情况统计

1981 年秋至 1984 年 1 月是筹建工作最为紧张、繁忙的阶段。为到北京办事方便，我和同事们随身携带着校办开具的空白介绍信，需要到哪个单位去就视需要随时填上。有时当天无法返津，我们就提前带上简单的生活用品，一把牙刷、一条毛巾、一个肥皂盒和一个茶缸子，茶缸子既当水杯，又当漱口杯，不用时还能装上其他东西。那时，我们真是饱尝了谈判失败的沮丧和取得办学投资的喜悦。我们横着一条心，再大的官也敢见，再大的难关也敢闯，找司长不行就去找部长，跑一次不行就跑两次，很多部门都跑了不止一次，有的部门甚至跑过十几次。

就这样，我们通过北京众多校友的帮助，或从校内得到的信息，前后跑了 20 多个国家部委，充分介绍南开大学的优势，多方争取投资合作办学。功夫不负有心人，几年间，南开大学陆续与国家旅游局、中国人民银行总行、国家统计局、国家物价局、中国人民保险总公司、中国农业银行总行、国务院特区办、国家审计署等 8 个单位签订了投资办学的协议（见下表）。

南开大学与校外单位合作办学统计

合作单位	年份	代办专业
国家旅游局	1981	旅游专业（旅游外语，旅游经济管理）
中国人民银行总行	1982	金融学专业
国家统计局	1983	数理统计专业
国家物价局	1983	物价学专业

续表

合作单位	年份	代办专业
中国人民保险总公司	1984	保险学专业
中国农业银行	1984	农业金融学专业
国务院特区办	1985	委托开办“对外开放领导干部培训班”
国家审计署	1986	审计学专业

现在回过头看，20 世纪 80 年代初，经济学院能够顺利恢复组建，是多重因素综合作用的结果。具体来说，“文革”后国家实行改革开放需要大量经济人才的历史机遇，校党委的放权和大力支持，办事人的作用以及全校部门的大力配合，这些天时、地利、人和的条件缺一不可。我始终认为，涉及学校发展的大事，凭一人之力难以成事，都是全校上下协同一心、咬紧牙关、克服困难才能干成的。那些在幕后辛勤工作的教职员工和积极支持母校工作的校友们，都是促使经济学院恢复组建的“有功之臣”。

当年，我们向中央各部寻求投资时，得到了校内各部门同事们的大力支持配合，视进展情况需要哪个部门协作的，无论请谁帮忙都能热情合作。李国骥先后担任副总务长、总务长，管钱管物，建经济学院必需后勤的诸多协作，所以当年我们常常一同跑北京各部委。王大璲先后任副教务处长、副校长，也常与我们一道去北京。张亦谛（时任总务长）、王柏灵（时任党委组织部副部长）也曾一起去有关部委要钱、要物、要人。高雷岳是最早调到经济学院筹备组的，也常去北京与有关单位联系。杜品良时任基建处长，与我们去教育部基建处联系，并曾与旅游局商讨有关经费问题。这些都充分表现出上下认识一致的“人气和顺”的积极氛围。

当年在跑中央部委寻求投资合作办学机会的过程中，我们也得到了不少老校友的大力帮助。80年代，有不少校友在中央各部委已担任了领导职务，凡是与母校相关的事情找到他们，校友们都尽全力给予支持。我曾根据日记中的记载整理出一份多次给予帮助的校友名单（见下表）。

给予南开帮助支持的部分校友名单

校友姓名	在校原名	系别	入学时间	工作单位
王加宛	王嘉琬	经济系	1947	国家计委
吴　畏	高光纬	中文系	1946	教育部政策研究室
高金梅		经济系	1950	教育部人事司
魏亚田		历史系	“文革”后毕业	教育部高教一司
郭　方	郭养渚	经济系	1946	环保局 中科院环保所
胡育之		经济系	1946	中组部
陶季洪		经济系	1947	二机部办公室 核工业部调研室
叶　琴	吕南强	外文系	1947	外经贸部基建处
钱传钧		化学系	1946	冶金部副
沙　地	夏开林	化工系	1946	海关总署

续表

校友姓名	在校原名	系别	入学时间	工作单位
佟存德		经济系	1946	教育部研究生司
郭　丁	李国定	外文系	1946	人民大学国经系
梅慧生		生物系	1950	北京大学生物系
胡邦定		西南联大校友		物价总局
胡文杰		财政系	1948	国家物价局
刘立娜		中文系	1946	石油部党委
赵　逐	赵德敦	哲教系	1946	国家经委监委
展　凡	李承顺	经济系	1946	北京大学外文系
华　雁	李　弧	工商管理系	1946	国务院特区办
李　江	李华伟	电机系	1947	人民大学管理系
李耐波	李宗淼	政治系	1947	天津市二轻局
李维湛		经济系	1947	石化部政策研究室
李天相		原北洋大学地下党		石油部

办学资金的筹集与使用

据后来统计，经过1981—1984年近三年的努力，我们共争取到办学投资2000多万元。这些资金的筹得大致包括下述几类情况。

一、主动向我校提出投资办学的

①国家旅游局投资办旅游专业。

②加拿大国际开发署的贷款资助（即中加合作项目）也是类似送上门的投资。我校是由教育部下达的与加方合作的八所大学之一。经过加方代表团来华，滕校长代表教育部率团访加，之后加方约克、马克马斯特尔、纳瓦尔三所大学代表来校商谈，历时近 1 年 3 个月谈成。加方除为我校培养人才，还提供设备等方面的资助。老校友华雁曾在国务院进出口委工作，后任国务院特区办司长，从中给了不少帮助。郭钟毓时任校贷款办公室负责人，在与加方谈判的准备工作中也热心配合。

当时，为迎接教育部中加项目考察团，学校在主楼紧急成立了数量经济学研究中心。加方代表来南开时，陈炳富教授和我都参加了谈判，其间陈炳富教授手写了一张 MBA 培训中心课程设置计划单，这张计划单我一直保留着。我们提前安排了摄影师，跟拍当天活动，并要求当天务必要将照片洗出来，第二天考察团离津时，学校派人将照片及时送到车站。这些举动给考察团留下了很好的印象，他们认为南开大学办事效率高、管理水平高，这也是我们最终争取到中加项目的加分环节。

但是，外单位主动找到南开投资办学的，也有功败垂成的事例。如中国银行拟投资在我校办国际金融专业，谈判之后请示教育部时，因上海的一所大学由校长出面力争，教育部考虑专业的布局，将这项投资批给了上海的大学。

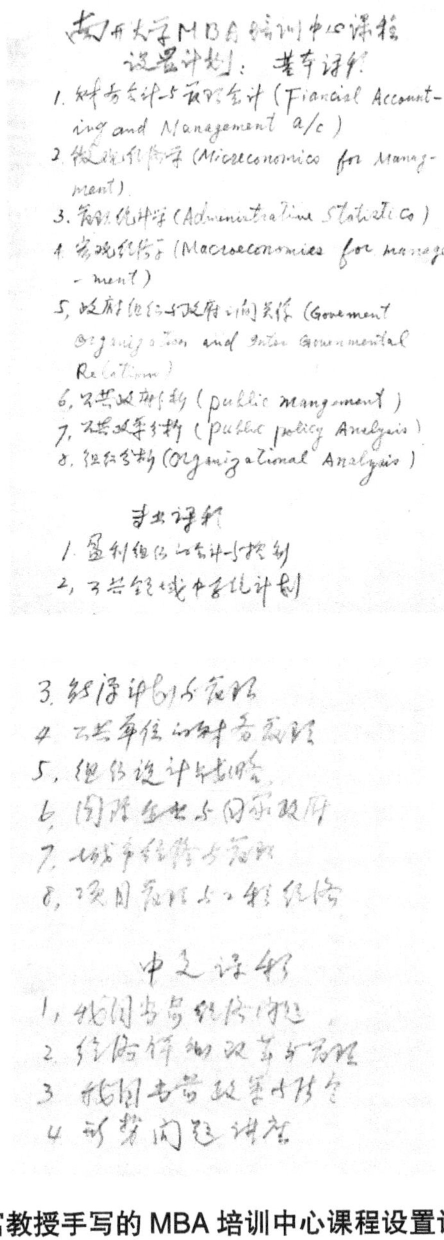
南开大学MBA培训中心课程设置计划：基本课程

1. 财务会计与管理会计（Fiancial Accounting and Management a/c）
2. 微观经济学（Micreconomics for Management）
3. 管理统计学（Administrative Statistics）
4. 宏观经济学（Macroeconomics for management）
5. 政府组织与政府间关系（Govement Organization and Inter Governmental Relation）
6. 公共政府管理（public mangement）
7. 公共政策分析（public policy Analysis）
8. 组织分析（Organizational Analysis）

专业课程

1. 盈利组织的会计与控制
2. 公共领域中的统计计划
3. 经济评估与管理
4. 公共单位的财务管理
5. 组织设计与战略
6. 国际企业与国家政府
7. 城市经济与管理
8. 项目管理与工程经济

中文课程

1. 我国当前经济问题
2. 经济体制改革与管理
3. 我国当前政策法规
4. 形势问题讲座

陈炳富教授手写的MBA培训中心课程设置计划单

二、抓住机遇，力争而来的

①姚耀、李国骥夫妇紧抓契机，争取到同中国人民银行合作的机会。

②经济学院培训中心（当时称“市长班”）的投资，是滕维藻校长亲抓力争得到的。当时滕校长在上海开会，谷牧同志在会上讲到要选择少数大学作为沿海开放城市培训对外经贸人才的基地问题。滕校长便立即当面向谷牧同志介绍南开大学的综合优势，表示愿意承接此项任务，并及时往校内打电话，嘱抓紧向各有关上级部门办理申请手续。1985 年 1 月 31 日，滕校长草拟文稿，王文俊同志写了正式申报文件，王大璲副校长于 2 月 1 日即上报，接着又专函致特区办何春霖主任，如此快速力争，真是抢争机遇。

我们也曾找过华雁同志，请他从中协助。由于当时欲争取此项任务的院校不少，唯恐落空，我与李国骥同志曾在一天凌晨又赶到老校友华雁家（时任特区办司长），他带我们进了中南海，到特区办后，又向何春霖主任再述南开大学财经方面有特色、历史久、教师队伍强等优势。华雁提出，加拿大的项目给了南开，这个项目也给他们吧，关键时刻老校友又帮了大忙。这项任务批给我校，开班之后，特区办又拨给基建投资 200 万元，建成了位于北村东北角的培训中心，解决了“市长班”学员住房的困难。

三、第三类情况是最没底数也最为费时费力、复杂难办的跑“部”工作

经济系教师贾秀岩向王大璲同志提出拟办物价专业。我们就去跑国家物价局，校友胡文杰在该局任副司长，而

任副局长（后任局长）的胡邦定同志，中华人民共和国成立前曾在天津大公报搞地下工作，我与他在 1949 年初相识，贾秀岩同志事先已与该局有联系。谈判进展顺利，不到一年，教育部关于同意南开大学成立价格经济专业的批示即下达了。通过这次成功的经验，并综合考虑我们跑其他诸多部委的情况，我们逐渐琢磨到，凡是有自己直属院校的各部，都想把有限的经费充实直属院校，不愿分散投资。

再有一种情况是国家本来给他们的经费就不多，无力投资。例如，老校友李耐波（时任天津市二轻局局长）带我们去北京，找轻工部谈合作办专业的事情，该部教育司司长是一位老大姐，人很热情，对轻工部与南大合作办学的事也很感兴趣，但一涉及具体投资问题，她就强调国家给轻工部的经费减少了，投资办学有困难。这类情况我们就不能再找上去争取投资了。

我们总想少跑冤枉路，多为学校挣得投资，于是逐渐把注意力放在没有自己直属院校的部委，或新建的又急需人才的单位。这样跑下来效果不错，与上述 8 个单位先后签署了投资办学协议，并争取到投资共 2775 万元（未包括石化总公司零星办班投资 40 万元）。各单位的投资大多是 3 至 5 年分期拨款，多是属于带三材（钢材、木材、水泥）的基建投资，有的单位则是基建自筹经费或一般经费。保险总公司还附有经常费（即按学生人数每年拨给的费用）和外汇额度，这在当时都是十分难得的。

南开大学文件

关于举办开放城市领导干部研讨班的报告

特区办公室何春霖副主任：

遵照小平同志一月四日谈话的精神和中共中央书记处书记国务委员谷牧同志于二月八日关于培养对外经济活动人才的讲话所确定的任务，我校决定创造一切条件办好开放城市领导干部研讨班，安排方案附后，请审示。

南开大学

一九八五年二月十一日

抄送：教育部张文松付部长、天津市教育卫生委员会、天津市高教局、教育部一司

南开大学关于举办“市长班”致特区办何春霖主任专函

举办开放城市领导干部研讨班的安排方案

一、培训目标

为了适应对外开放政策的需要，根据国务院特区办公室的安排，拟通过举办开放城市领导干部研讨班，提高他们的战略决策水平与管理能力，了解世界经济发展的趋势，以推进开放城市的建设，加速开放城市经济的成长。

二、培训对象

具有大专以上文化程度、年龄在45岁以下的开放城市的市长、副市长及其它市级领导干部。第一期招收三十名。

三、招生办法

由各省、市推荐，经国务院特区办公室批准。

四、培训时间

九月一日入学，每期学习时间为半年。

五、课程设置

（一） 必修课程

1、开放经济理论与政策

2、世界经济与管理发展趋势

3、国际贸易与金融

－1－

南开大学举办“市长班”的安排方案

按照教育部当时的规定，高等院校“1 个文科学生=29 平方米”，即 1 个学生入学后需要使用的宿舍、教室、图书馆、体育馆等建筑面积按 29 平方米核算，以此标准按市价折合后进行拨款。经济学院争取到“1 个学生=30 平方米=1 万元”，这样，经济学院每招收 1 个学生，合作办学单位就要资助 1 万元。在计划经济管理体制下，教育部实行“收支两条线”的经费管理办法：各单位委托办学的投资款都须交到教育部，由教育部统一管理；办学过程中需要用钱时，高校再到教育部申请拨款。当年，跑合作单位催交合作办学的投资款以及跑教育部申请使用经费也是我的一项经常任务。

1983 年经济学院恢复建院后，组织上调我到经济学院工作，1984 年底我想了解一下各投资办学单位划拨经费的情况以及这些经费的使用情况。承黄成龙副总务长的热心帮助，提供给我如下数字。截至 1984 年底，我校已收到 6 个单位（各单位的投资按协议 3 年内全数支付到位）拨付的经费 790 万元，其中，基建经费 440 万元，基建自筹经费 125 万元，一般经费 225 万元。使用情况如下：

1. 修建第七教学楼 257 万元
2. 修建教工住宅等生活用房 261 万元
3. 补助分子生物楼 23 万元
4. 补助数理统计楼 18 万元
5. 补助理化分析楼、外籍专家住宅等工程 24 万元
6. 修筑西南村等处道路 16 万元
7. 场地填垫土 35 万元

委托办学投资汇总表

		在校人数					拨款进度					
委托办学单位	代办专业	科	人数	学制	总人数	总投资额(万元)	83年	84年	85年	86年	87年	备注
国家旅游总局	旅游外语	本	50	4	400(人)*	260	260					*两专业可调剂
	旅游经济管理	〃	50	4								
中国人民银行	金融学	〃	100	4	400(人)	250	200	50				
国家统计局	数理统计	〃	100	4	400(人)	320		(120)**	200			**实际未拨进
物价总局	物价学	〃	60	4	240(人)	190		60	130			
保险总公司	保险学	〃	60	4	240(人)	(330)***		(100)	(100)	(70)	(60)	***一般经费
		干专	30	2	60(人)							
农业银行	农业金融	本	60	4	240(人)	260			100	100	60	
审计署	审计学	本	60	4	240(人)	272			…			
		研	7	3	21(人)							
					2,041(人)	1882(万元)	460					

说明

1. 本表中不包括另座办班投资，如商化投资40万等。
2. 属于经济学院投资近年实际拨入数为 银行250＋物价60共310万，另有保险(100万)，一般经费。
3. 本表根据国兴、成龙、小周手头资料汇总，可能有不准确

1984.12.11. 统计

经济学院委托办学投资汇总表

8. 北戴河疗养所 36 万元
9. 付建筑公司高价钢材款 10 万元
10. 补助经济学院有关系、科设备费 31 万元
11. 财务处暂存 79 万元

预计各单位 1985 年可拨来投资 400 万元，其中基建经费、一般经费各 200 万元。计划安排用于：

1. 补助数理统计楼 31 万元
2. 补助第十六学生宿舍楼 46 万元
3. 补助研究人员宿舍楼 30 万元
4. 补助教工住宅 39 楼 80 万元
5. 补助设计勘察费 13 万元

6. 补助数理统计楼 15 万元（使用一般经费）

7. “三五”电站电缆、设备购置 150 万元

8. 室外工程配套费 60 万元

9. 修建西南村新桥 15 万元

10. 修建 7#变电站及增容 44 万元

11. 机动备用费 15 万元

当时用这些投资兴建的经济学院楼群正在施工，学校的一些重要设施，如教工生活用房、“三五”电站、修桥、铺路等，都靠这些投资支付。据杜品良同志回忆，当时国家教委每年拨给我校的基建经费为 300 万到 500 万不等，平均每年约 400 万元。上述不包括中加项目在内的 8 个单位的投资共 2700 多万元，相当于我校常年基建经费的 6 倍多。这些投资为百废待兴的南开大学的发展提供了很大支持，极大地缓解了学校经费的困难。因此，从某种意义上可以说，经济学院恢复组建带动了南开大学的第二次发展。

第一届领导班子的组建

1981—1982 年，我校相继设立了旅游系、金融系，加上原有的经济系，按照旧大学体制“三系成院”，正式组建经济学院的事情开始有了眉目。1982 年 10 月，我草拟了关于申请成立经济学院及兴建经济学院教学大楼的书面报告，经学校党委常委会讨论通过，上报教育部。1983 年 1 月 24 日，教育部下达了《关于南开大学申请成立经济学院

等问题的批复》，同意我校成立经济学院。这样，经济学院成为 1952 年院级建制被撤销以来南开大学恢复组建的第一个院级单位。

组建经济学院，首先需要成立一个强有力的领导班子。根据杨老、滕校长的意见，学校最初希望请陈舜礼[①]先生回来担任经济学院院长，他当时在山西大学任校长。那时人们没有“行政级别”的概念，大家重视的是“学术地位”，认为经济学院院长的学术地位很高。经过沟通，陈舜礼先生本人也愿意回南开任职。学校把东村招待所作为他的宿舍，连冬天取暖用的炉子都准备好了。我带着杨老的信到北京，通过在中组部工作的南开校友胡育之找到胡耀邦同志的秘书，请他将信转交给胡耀邦同志。这样，陈舜礼先生的工作调动问题获得了中央批准。但意料之外的是，陈舜礼先生到北京时，被时任国务委员兼国家经委主任张劲夫同志留在了北京工作。

此后，经济学院院长人选又先后上报过钱荣堃和朱光华，教育部分别以年纪大、年纪轻为由未予批准。最后，学校拟任谷书堂为经济学院院长，教育部批准后于 1984 年 5 月 9 日正式下达了人事任命通知。经学校研究决定，经济学院第一届领导班子成员及具体职责分工如下：谷书堂任经济学院院长兼经济研究所所长，钱荣堃任经济学院

① 陈舜礼（1917—2004），1939 年毕业于清华大学经济系，1949 年从英国牛津大学毕业后回国，历任南开大学教授、副教务长，1959 年与申泮文等八位同志因支援山西大学而调离南开，历任山西大学教务长、图书馆馆长、校长。

顾问，我担任经济学院党委书记兼第一副院长，蔡孝箴、钱玉麟任经济学院副院长。具体分工是，谷书堂主抓学科建设，蔡孝箴管理教学和学生工作，钱玉麟负责财务及外事工作。

1998 年 4 月 11 日，陈舜礼先生到南开大学参加黄钰生先生 100 周年诞辰纪念活动时合影（左二为陈舜礼先生，左三为杨敬年先生，左一为原副总务长张涛，右一为李万华）

当时面对学校对我的人事任命，我也曾想过：困难这么大，矛盾这么多，任务这么重，自己没有能力、没有勇气承担此重担。但一想到当年张伯苓校长等老一辈南开人办学的不易，我觉得我没有退缩的理由，只能坚持干下去。我被任命为“第一副院长”，这种提法很特别，我觉得这意味着我要办更多的事，要承担更大的责任。因此，我对几位班子成员说，所有乱七八糟、挠头的事都归我管，出了问题我兜着。因职责分工明确，大家都能各司其职、相互配合，积极而高效地开展工作。后来经济学院成立10周年时，蔡孝箴曾对我说："我们一起工作的10年，是我最满意的10年。"

李万华任经济学院党委书记时的工作照

经校党委常委会讨论通过，南开大学于1984年11月6日正式下发了文件，对经济学院的领导体制及职责范围做出了具体规定。文件中写明：经济学院是在校长领导下的一级教育和行政管理机构，对经济学系、管理学系、旅游学系、金融学系、经济研究所、人口研究所和将来新建的有关各系及研究机构实行领导。经济学院实行院长负责制。经济学院建立分党委，对学院的工作实行监督保证。

1983 年时我已经到了法定退休年龄，但因筹建经济学院的工作正在紧张进行中，学校便为我申请了延缓离休。我这一干就是 6 年。后来，经济学院的教学科研工作逐步走入正轨，干部也逐渐配齐。到 1989 年我 66 周岁时，正式办理了离休手续。

经济学院楼群的兴建

经济学院楼群，南开人亦称为“方楼”“平楼”“圆楼”，始建于 1984 年。当初这三个楼设计成“高、平、圆”，就是为了占地少，高楼是办公楼，平楼是教学楼，圆楼是阶梯教室。圆楼作为异形建筑，建成后还得了奖。最初，经济学院没有资料中心的配备，我们便向教育部提出申请，理由是滕维藻教授被联合国经济和社会理事会聘为跨国公司委员会高级顾问，联合国每年要给南开大学几万册资料，需要资料中心加以存放，教育部依此批准经济学院建立图书楼。

为保证经济学院楼群的建筑施工质量，我聘请了南开大学一位老职工罗尚鳌为工程师。罗尚鳌曾上过国民党警察学校，因为有这个历史问题，中华人民共和国成立后他就干起了瓦工，达到八级水平，技术很好。南开大学校园内的一些重要建筑项目如马蹄湖的整修等，都是他带领工人干的。“文革”期间，我、娄平等人劳动改造，罗尚鳌负责给我们安排活。有一次，罗尚鳌带领大家到校内金工厂车间拆房子，正在拆除时，他听到房子发出的响声不对劲，高喊“快跑”。众人听他大喊，拔腿就跑，刚跑到外面，房子就塌了。劫后余生，大家都说，要不是罗尚鳌就没命了。“文革”结束后，娄平等人逢年过节都要去看望罗尚鳌，感念他的救命之恩。

20 世纪 80 年代制作的经济学院楼群沙盘模型

经济学院基建工作开始后，罗尚鳌受聘为工程师，负责经济学院楼群建筑的技术、材料和质量把关。他通过私人关系找朋友、自己花钱制作了经济学院楼群沙盘模型，对施工过程中发现的问题，都进行及时的沟通和处理。例如，最初办公楼窗户设计为单层，施工中按照罗尚鳌的建议，将朝北的窗户都改成了双层。罗尚鳌对待工作积极主动、认真负责的态度，为经济学院建筑施工起到了重要的监督、保障作用。

经济学院建筑的设计、施工是本着结实、实用的原则进行的。设计图纸是我找天津大学一位周工程师完成的，提交到学校讨论通过后上报教育部审批。当时，教育部基建处专门负责管理高校基建项目，从设计图纸到建筑材料，从楼高层数到门窗数量，都要经教育部批准。经济学院的建筑施工由中建六局承包。我校校友宋陆乾（毕业于经济系，我发展的地下“民青”）时任中建局总公司办公室主任，我就通过他的关系找到中建六局负责人，要求经济学院工程要保证质量完成，宋陆乾也很重视，曾亲自到工地视察。经济学院楼盖得非常结实，深挖 20 米进行地基打桩，使用的钢筋都超标准，能抗得住八级地震。

1989 年经济学院几座楼全部竣工并投入使用，共花费 700 多万元。10 月 16 日，南开大学举行了经济学院楼群落成典礼。因经济学院几座楼的造型有圆有方，有校友认为这象征着“天地人和”的美好寓意，时任管理系系主任陈炳富教授提出，这表示“没有规矩不成方圆”，经济学院专门请人制作了“智圆行方”的标识立于楼前。

办成一件事情是非常不容易的，是一群真抓、实干、讲奉献的人们齐心协力，才能将经济学院楼群的建筑工作圆满完成。办这么大的项目，我们从没有请客送礼，更别说往自己的口袋里装一分钱，连图纸设计、沙盘制作都是通过朋友关系、自己花钱完成的。当时遇到的困难也是难以计数，例如建平楼时，第一层刚建起来，洋灰还没有干的地方被狂风一下吹倒了，没有别的办法，为了保证建筑质量，不惜费工、费料、费时收拾残局后重新建起。这些困难我从没找人诉苦，就自己在日记里写写，克服困难，去干就是了。

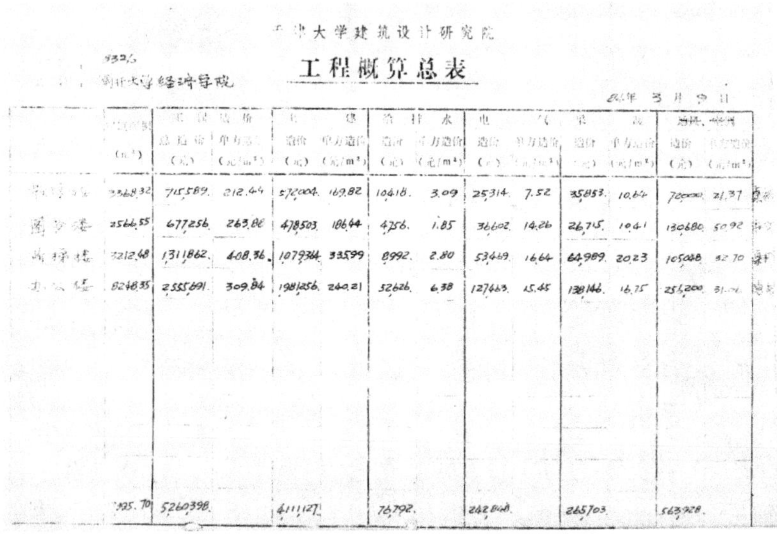

天津大学建筑设计研究院

9326

南开大学经济学院

工程概算总表

84年 3月 9日

	建筑面积 (m²)	工程造价 总造价 (元)	工程造价 单方造价 (元/m²)	土建 造价 (元)	土建 单方造价 (元/m²)	给排水 造价 (元)	给排水 单方造价 (元/m²)	电气 造价 (元)	电气 单方造价 (元/m²)	采暖 造价 (元)	采暖 单方造价 (元/m²)	通风、空调 造价 (元)	通风、空调 单方造价 (元/m²)
[illegible]	3368.32	715,589.	212.44	572,004.	169.82	10,418.	3.09	25,314.	7.52	35,853.	10.64	72,000.	21.37
图书楼	2566.55	677,256.	263.88	478,503.	186.44	4,756.	1.85	36,602.	14.26	26,715.	10.41	130,680.	50.92
[illegible]	3212.48	1,311,862.	408.36	1,079,364.	335.99	8,992.	2.80	53,469.	16.64	64,989.	20.23	105,048.	32.70
办公楼	8248.35	2,555,691.	309.84	1,981,256.	240.21	52,626.	6.38	127,463.	15.45	138,146.	16.75	256,200.	31.[illegible]
	[illegible]935.70	5,260,398.		4,111,127.		76,792.		242,848.		265,703.		563,928.	

经济学院楼群工程概算总表

经济学院相关系所的创建

经济学院正式重建之前，南开大学经济学科已经有 4 系 1 所，分别是经济学系、管理学系、金融学系、旅游学系和经济研究所。经济学院重建后，又根据实际需要陆续成立了相关系所。至1993年经济学院重建10周年时，全院已有6系6所，增设了会计学系、国际经济学系、国际经济研究所、人口与发展研究所、交通经济研究所、台湾研究所、国际保险研究所。我曾亲身参与、主持了相关系所的创建工作，对当时创业的艰难、资金的紧张、人事的周折还记忆犹新。

会计学系

会计学系曾是南开大学成立时最早设立的系科之一，后来会计、统计专业于1958年并入河北财经学院（今天津财经大学）后，至经济学院重建时一直没有恢复。我早年在南开大学读书时先入哲教系，哲教系被取消后转入经济系，我深知，经济学院没有会计统计系就好像是人瘸了一条腿，只有理论而不懂会计、统计专业知识，培养出的学生就没有实际操作的能力。因此，我下定决心一定要把会计统计系搞起来。当时，钱荣堃教授非常支持我的想法。在经济学院筹建阶段，为设立会计统计系，我和同事多次到国家统计局申请，争取投资办学。

经过不断争取，国家统计局最终同意拨款15万，在南开大学建立统计系。1984年前后，学校正在积极争取陈省身先生回国并到南开工作，副校长胡国定听说经济学院争取到这笔款项，便找到我，希望经济学院能将这笔钱资助数学系建数学楼，以争取陈省身先生来南开。我当时想，没有梧桐树请不来金凤凰，没有数学楼，陈省身先生到南开来连个办公场所都没有；此外，统计与数学分不开，将来成立会计统计系也需要数理统计人才。于是，经济学院将这笔钱先资助数学系盖了数理统计楼。后来，我们硬是从数学系找教师，将会计统计系办了起来，并请数学系教师周概容任会计统计系系主任。

台湾研究所

台湾研究所的成立同样费了一番周折。为解决资金问题，我们找到了时任天津市台办主任徐懋德，争取到5万元启动资金。徐懋德同志原是上海交大地下党员，曾在台湾做地下工作。台湾研究所成立后，第一任所长由鲍觉民教授担任，李宏硕教授任副所长。南开大学台湾研究所是“文革”后国内高校成立的第一个台湾研究所，主要侧重于研究台湾经济问题。在一次中央召开的有关台湾工作会议上，时任国家主席杨尚昆接见了鲍觉民教授，并对他说：你们是综合大学里最早成立的台湾研究所，很有成就，我们应该给予支持。时任统战部部长、南开校友阎明复也表示：你们台湾研究所需要钱，可以支持20万。可见，台湾研究所的成立符合国家的战略需求，起步也是比较早的。

交通经济研究所

经过筹备，经济学院交通经济研究所于1987年正式成立，学校聘请桑恒康先生担任第一任所长。桑恒康先生早年毕业于南开大学经济研究所，与滕维藻校长是同学，后来长期担任联合国高级交通经济专家。退休后，桑恒康先生应邀回到南开大学参观、讲学。当时北大、清华等大学都想聘请他，南开尊重他，希望他能到南开创办交通所。桑恒康先生最终选择回到母校。

当年，桑恒康先生为办交通所尽心尽力，学院和我本人对他的工作也是大力支持。交通所建立之初，资金短缺，条件简陋，桑恒康先生亲自去往香港筹集办所资金，幸得孔安道基金会捐赠了 100 万港币。因为孔安道基金会不希望大肆宣传，所以知道此事的人很少。那时，南开大学文科的资助经费只有几万元，这 100 万港币可谓得来不易。但当时南开大学还没有外汇账户，我是天津市咨询委员会委员，便找市委有关负责人为南开大学申请到外汇账户，使港币得以入账。

1997 年，李万华夫妇与桑恒康夫妇合影（前排左一为桑恒康，后排右一为李万华）

我记得，当年桑恒康先生曾经提出“交通经济”，建立大陆桥，从沿海修条铁路直通西部。现在我们国家的“一带一路”倡议比大陆桥的构想更加宏大，可见，桑恒康先生当时的设想是合乎中国梦的。

五所大学经济学院联谊会

20 世纪 80 年代，南开大学经济学院是教育部批准成立的第一个经济学院，成为自从院系调整以来大学恢复学院制的开端。恢复组建经济学院被批准后，我们就在教育部综合司支持下，牵头与中国人民大学、武汉大学、复旦大学、厦门大学联系，举行经济系科联席会议。后来五所大学经济学院正式成立后，就称为五大学经济学院联谊会。

那时，国家经济建设需要大量干部和经济人才，五大学经济系科联席会议的召开有利于推动全国经济系科的发展，因而得到教育部支持，教育部综合司司长和我们一起到各个大学经济学院去考察、调研。那时南开大学经济学院的威信很高，每到一所大学，我们就把南开大学经济学院楼群模拟沙盘的照片给大家看，大家都觉得南开很了不起，因为那时各个学校办学经费都非常紧张，有个办公场所就不简单了。当时我们还去深圳参观学习，深圳才刚刚起步。

五大学经济学院联谊会每年召开一次会议，五所大学经济学院的院长、党委书记和经济学家参加会议。在联谊会上，大家就学科建设、教材编写、人才培养等问题交流经验。自新中国成立以来，国内大学学的都是苏联的政治经济学，经济系也叫作政治经济学系，因此在 80 年代恢复经济系科之初没有合适的经济学教材，就靠各校的老一辈经济学专家学者们交流经验。像武汉大学的谭崇台教授，厦门大学的葛家澍教授和邓子基教授，南开大学的谷书堂和逄锦聚两位教授，他们都是有名的经济学家，当年也参加五大学经济学院联谊会，为我国经济学的恢复和发展贡献力量。五大学经济学院联谊会持续了近 10 年，每年五所大学轮流召开会议。我记得我离休后，南开大学还办过一次，那应该是第 6 次了。

老校长张伯苓

我和张伯苓校长的两面之缘

我是 1947 年从贵州老家北上天津，到南开大学报到的。入学后，我曾经见过张伯苓校长两次。一次是 1947 年，张伯苓校长到天津来竞选国大代表，在南开大学东院礼堂做报告，学生们都觉得很新奇。张伯苓校长操着一口地道的天津话，从“我的 5 个学生”讲起，记得他讲道：“严馆最初只有 5 个学生，其中就有陶孟和，后来扩大到 10 个学生，其中就有梅贻琦……”

当时，南开中学有一部分学生升入了南开大学，他们对张伯苓校长感情较深，组织公能学会帮张伯苓校长竞选国大代表。张伯苓当选国大代表，后又担任国民政府考试院院长，因此，当时的进步学生们在思想上和他是对立的，对他也不够尊重。我记得学生们在思源堂表演话剧，一个学生戴上墨镜扮演张伯苓，引得观众发笑。

中华人民共和国成立后，张伯苓校长回到天津，又来过南开大学一次，黄钰生先生接待了他，没有声张，只安排张校长和一些南开老人见面，参观了校园，没有安排他和学生见面。当时我已经留校工作，也没有通知我去和张校长见面。这两次我都是远远地看见了张伯苓校长，并没有近距离接触，更没有机缘讲话。我想，张伯苓是伟人，而我们离他很远。

张伯苓为什么要当国民政府考试院院长?

中华人民共和国成立后的南开人，对张伯苓的认识有个过程。由于张伯苓曾出任国民政府考试院院长，因此，生活在新社会的人们和他是“对立”的。张伯苓一辈子从事教育，为什么要去做考试院院长？黄钰生一辈子从事教育，为什么要去当天津市教育局局长？这个问题，我一直在反复思考。我认为，很多问题如果只看事实、不看背景，就搞不清楚。在当时的历史背景下，张伯苓、黄钰生都没有说明他们这样做的原因，然而思想指导行动，他们一定是有某种想法，才会去做这样的事。那么，他们真实的想法和目的又是什么呢？我认为，他们这样做都是为了南开。

南开大学于 1946 年从昆明北返复校后，面临的处境十分艰难，校园成为废墟，物价飞涨，经费紧张。南开大学复校后改为国立大学，日常办学经费依赖国民政府拨款，当时南开大学财务处处长并不是南开自己找的人，而是国民政府教育部部长朱家骅直接派来的，对南开实行监督和控制。这又牵涉到国民党内部复杂的派系斗争，朱家骅是 CC 系的人，南开虽与国民党各派系素无牵连，但在一定程度上受到代表民族资产阶级利益的政学系的维护。

南开在困难局势下能迅速地恢复起来，并形成“一校三院”的校址规模，与张伯苓、黄钰生的苦心经营密不可分。南开大学顺利地接收了中日中学等敌产，南开中学也收回了原校址校产。我曾亲眼见过黄钰生先生以天津市教育局局长名义签署的南开中学申请恢复校址的批件。可以想见，如果没有他们坐镇，南开在战后的恢复和发展不会这么顺利。

再看他们任职后的表现。张伯苓任国民政府考试院院长后，并没有住在官邸，而是继续住在重庆南开中学，他始终没有离开南开，所设想和筹谋的都是南开大学和南开中学要怎样发展。他答应蒋介石的邀请，可以说是情不可却。黄钰生也只做了四个半月的天津市教育局局长。他做教育局局长时，国民党当局要求对天津市抗战胜利以前的学生进行政审和甄别。学生甄别什么？这是国民党的政策，他执行了。天津的地下党领导了学生的“反甄审”运动，黄钰生以此为借口马上辞职了。

张伯苓曾担任国民政府考试院院长的事实，成为他一生的政治污点。对于张伯苓的评价，这是一个无法抹去又难以评价的事情，很多人对此都讳莫如深。实际上，在我看来，张伯苓出任考试院院长是为了南开，黄钰生当天津市教育局局长不言而喻也是为了南开。教育家要懂得政治，张伯苓是懂得政治的，如果他们不出任政府官职，很多事情就不好办也办不成。我认为，今后对这些问题要进行客观的分析，做出公正的判断。

张伯苓的“南开梦”

张伯苓校长对战后南开大学的发展是有长远规划的，我称其为“张氏格局”，也可以说是张伯苓的“南开梦”。张伯苓校长曾提出，南开大学10年后仍改为私立，要扩大南开大学的规模，并在全国各地成立南开中学。

那时中央医院（现为天津市总医院）里不少大夫是南开中学校友，南开学生到中央医院看病都能受到优待。我清楚记得，南开刚复校不久，就在中央医院门口挂了块大牌子，上面写着“南开大学医学院筹备处”。那时南开根本不具备成立医学院的条件，但我想这是张伯苓等老南开人对南开发展的设想，是十分有远见的。

还有一件事，知道的人恐怕更少了。当年，张伯苓校长曾聘请到张文裕①先生担任南开大学物理系系主任，张文裕先生是研究理论原子物理的专家。20世纪50年代，我在物理系任支部书记兼系助理时，亲眼看见过张文裕先生在美国给物理系订购仪器的订货单。张文裕先生于1956年回国，被留在了北京，任职于中国科学院原子能研究所，为国家原子能研究事业做出了很大贡献。关于他曾是张伯苓校长选定的南开大学物理系系主任人选一事，就被掩埋

---

① 张文裕（1910—1992），1938年在剑桥大学获得博士学位后回国，曾任教于西南联大，后赴美国普林斯顿大学从事研究工作。1956年回国后在中国科学院原子能研究所工作，1973年担任中国科学院高能物理研究所第一任所长。

在历史中，无人知晓了。

张伯苓的人格魅力

张伯苓校长有很多令人敬佩的地方。南开过去是私立学校，办学主要靠社会团体和个人捐赠，因此办学要艰苦朴素，不能大手大脚。收到捐赠后怎样回报人家呢？张伯苓校长有自己的办法。当时，南开大学聘请了专家专门养菊花和金鱼，这个专家叫王九龄，毕业于南开中学，他养的花和鱼都很出名，后来南开人就叫他“王菊花”“王金鱼”。逢年过节，南开大学便将菊花、金鱼作为礼物送人，以表感谢。我参加工作后，学校还一度养有各种各样的金鱼，在行政楼门前摆着十几口大缸，冬天就把金鱼搬进屋内。

张伯苓校长一生艰苦办学，自己生活也很朴素。作为校长，他的工资水平低于教授，常常入不敷出，只能从会计科借钱，等发了工资再还。他过得就是平常老百姓的生活，出门坐人力车（天津俗称“胶皮”），有一辆汽车还是后来张学良送给他的。那时的八里台没有公路，全是土路，也没法开汽车。张伯苓校长一辈子为南开奔忙，没有过几天舒服日子，就是在重庆南开中学时稍微好一点。所以，张伯苓校长的人格感染了很多人。

过去教师选择学校，同时也要选择校长。当年何廉先生为什么选择南开？就是因为张伯苓校长允诺，他只要到南开来，开展工作都全力支持。1948 年杨敬年先生从国外回来，陈序经先生想把他留在岭南大学，那里的工资要高于南开，但杨先生已经答应何廉先生要回到南开，便谢绝了陈序经先生的邀请。所以当时的人选学校，也选校长，校长的人格如果不感化人，这些人就不“伺候”。那时有很多名家到南开来任教，张伯苓校长的人格魅力是一个重要因素。

张伯苓及南开教育的特点

南开校友宁恩承先生有着很深的南开情结，他在自传《百年回首》中对老校长张伯苓及南开教育做出了极为中肯的评价，对此我深表赞同。结合我的切身体会，我认为，南开教育有几个至为突出的特点。

爱国是张伯苓教育思想的核心。1937 年抗战爆发，日本人对南开采取了飞机炸、大炮轰、纵火、抢劫等一系列手段，使南开大学成为唯一一所被全毁的大学，沦为一片废墟。日本人为什么如此仇恨南开大学？非要有计划、有预谋地毁灭南开？原因是南开师生一直走在爱国抗日的前列。其中最关键的是张伯苓校长在校内成立了东北研究会，组织南开师生深入东北地区调查日本在东北的种种侵略行为，并将调查结果送交国联，在国际上揭露、控告日本侵略中国的野心。这一举动深为日本人所忌恨，所以必欲除之而后快。20 世纪 90 年代，我们很多老南开人积极地联名提出对日索赔，理由有两点，一是南开是私立学校，二是南开大学被全部毁灭。

“知中国，服务中国”是南开大学的传统。抗战爆发前的东北调查，西南联大时期的边疆人文研究，经济研究所的物价指数，都是南开人注重实地调研的具体体现。甚至中华人民共和国成立后的一段时间内也一直延用南开大学的物价指数。抗日战争时期，何廉先生曾准备在贵州办一个模范县，虽然后来没有办成，但这体现了南开人做事的思路。当初交通所成立时，桑恒康先生就提出，要建一座大陆桥，从张家港修条铁路一直通到西北，然后从西北通欧洲。这与国家现在提出的“一带一路”倡议是非常契合的。南开人总是想着打牢基础，解决好最根本的问题。南开的这个传统不能丢掉，搞研究要紧跟国家的战略部署，要做好务实的工作。当年傅恩龄先生编写的《东北地理教本》作为教材给南开学生学习，现在仍然可以看出这项基础工作的重要性所在。

南开教学严谨，注重基础。很多老南开人如邱宗岳、吴大任、姜立夫、冯文潜等，都不追求著作等身，甚至有人曾就此批评南开教授述而不著。但他们都非常重视基础课教学，常年坚持在教学一线，带头讲好基础课，培养出的学生也很严谨、扎实。据我了解，美国常春藤学校中的普林斯顿大学教育最严格，培养出的院士也最多，就是因为学生基础打得好，深造也更容易。近百年来，重视基础已成为南开根深蒂固的传统。南开培养出来的学生搞学问做研究的多，从政走仕途的少，从政的也是纪检、统计干部较多，这与南开的教育有着直接关系。天津解放后，历届统计局局长都由南开毕业生担任，曾任国家统计局局长的马建堂就是南开大学经济研究所培养的学生。

注重体育是南开教育的一大特色。我上学时，体育不算学分，但体育不及格者不能毕业，一定要补考及格了才补发毕业证书。那个年代的学生都是穿长袍大褂，上体育课时一律脱掉，先围着操场跑4圈。考试有一定的标准，综合出勤和科目成绩，出勤也是一个很重要的评价指标。身体不好的同学可以免项，但必须坚持上体育课保证出勤。当时，没有哪所大学把体育提到这么高的位置，这是南开教育的一大特色，也是一种精神。

张伯苓“爱国教育家”的定论是如何来的？

在中华人民共和国成立后很长一段时间里，南开大学没人提起张伯苓。直到20世纪80年代中央开过会，为张伯苓正名是“爱国教育家”，张伯苓才得到人们的重新认识和尊重。

事情的起因是这样的。1986年4月5日是张伯苓校长的110周年诞辰，在此之前，我国驻美国大使馆参赞张子凡观察到张伯苓在美国和台湾受到特别尊崇的情况，向中央写了报告。正是这份报告对张伯苓的正名起了关键作用。中央经过研究，采纳了张参赞在报告中的建议，决定于4月5日这一天在南开大学举行由全国政协和国家教委联合召开的盛大纪念会。时任全国人大常委会委员长彭真同志特为大会题词“兴办学校，改革封建落后教育的民主主义爱国教育家”，这一题词为大会对张伯苓的评价定了基调。

在纪念大会召开前，南开大学就“在南开园内立张伯苓塑像”的问题向中央提交了报告。中宣部开会讨论后，连夜打电话通知南开大学：可以立塑像了，中央定调，张伯苓是爱国教育家。在4月5日纪念会召开当天，南开大学举行了张伯苓铜像揭幕仪式。老南开人申泮文先生参加了张伯苓诞辰110周年纪念会，并在《南开学校复兴日记事》一文中对张伯苓获得“爱国教育家”荣誉称号的经过进行了如实而详细的记载。

1986年4月5日，在南开园内举行张伯苓校长铜像揭幕仪式，邓颖超同志敬献花篮，上书“深切缅怀张伯苓校长，学生邓颖超敬献”

对张伯苓校长的正名经历了曲折的过程，中间有很多重要的关节，其中，校友的作用不容忽视。当年向中央提交调研报告的我国驻美国大使馆参赞张子凡正是南开大学校友。张子凡（1926—1999），又名张琦芳，1946—1948年就读于南开大学，曾担任学生会主席，1947 年入党，1948年去了解放区，和我是同学。后来张子凡曾多次回到母校，我负责接待他。

对张伯苓要进行全面评价

纵观张伯苓的一生和他所做的各项工作，我认为，今后对张伯苓要进行全面的研究和评价。首先，张伯苓是个伟大的教育家，甚至可以说他是 20 世纪中国最伟大的教育家，这是我把这些知名教育家进行比较后得出的结论。孔夫子培养了三千弟子，有 72 贤人，张伯苓办学校，他亲自培养的国共两党知名人物、院士岂止 72 人。他躬亲办学、严于律己、以身作则，用自己的言行作表率去影响和教育学生。申泮文院士曾在一篇文章里称赞张伯苓校长为“丘后一人”，“丘”指的是孔夫子，我对此深表赞同。

但张伯苓对国家和社会的贡献，绝不仅仅是教育。张伯苓是以教育为基础、以南开为基地，推动中国现代化的先驱者之一。他在投身教育事业的同时，在体育、宗教、话剧等方面都是开拓者。他积极地推动改革宗教，发展体育和戏剧，在南开大学成立应用化学研究所，支持永利、久大等民族实业的发展。20 世纪 30 年代，“永利”“南开”

“大公报”被誉为“华北三宗宝”，都与张伯苓有着直接或间接的关系。因此，我们除了总结张伯苓的教育思想和实践外，更要将张伯苓的思想体系系统化，进行全面的研究和评价。

南开先贤杨石先

在南开，严范孙、张伯苓、黄钰生、杨石先、吴大任五位先生被誉为“南开五贤”，他们的道德文章以及对南开的贡献都是南开人应该学习的榜样。杨石先从 1923 年受聘为南开大学教授到 1985 年去世，为南开大学工作了 62 年，其中担任校长的时间长达近 20 年，可以说他是继老校长张伯苓之后的唯一一位终身校长。

著名科学家、教育家——杨石先先生
(1897-1985)

1997 年杨石先校长百年诞辰纪念发行的纪念封

在杨老担任校长的岁月里，南开大学经历了两次历史性大变化，第一次是由旧中国的南开大学转变为新中国的南开大学，第二次是从“文革”当中遭受巨大破坏的南开大学转变为拨乱反正、改革开放、迈向新征程的南开大学。这两次大变化在学校发展史上具有深远的意义。

1951年，上级党组织决定派王祖陶同志和我作杨老的秘书，王祖陶任行政秘书，我任人事秘书，因此，我第一次有幸能在杨老身边工作。我大学先后在哲教系、经济系读书，没有听过杨老授课，也很少见到杨老，那时杨老给我的印象是严肃、不苟言笑，对学生要求十分严格，使人敬畏，令人难以接近。做秘书就要经常向杨老请示汇报工作。刚参加工作时，学校没有职工宿舍，就将第一教学楼（当时称胜利楼）杨老的办公室和会客室（也是唯一的一间会议室）近旁的一个小房间分配给我作为宿舍兼工作室，因此我与杨老见面的机会更多了。在日常工作接触中，我从未见杨老发过脾气，也没见他声色俱厉地训斥过人，什么情况下与人交谈都是态度和蔼、轻言细语、内容简练。每当他遇到不高兴或不同意的事情，也只是紧皱眉头，但人们就是都“怕”他，他有一种不怒自威的气质，让人自然而然地产生敬畏心理。

1952年院系调整后，王金鼎、刘披云同志先后到校，学校领导力量大为加强，杨老任校长，刘披云任党组书记兼副校长，王金鼎任校党总支书记。他们之间互相尊重，团结协作，使学校各方面建设在20世纪50年代得以快速展开，并为后来的发展奠定了基础。

50年代时，我们都知道，杨老在学术界、科学界可谓一言九鼎，他还曾担任周总理的科学顾问。南开大学化学系之所以培养了众多人才和院士，与杨老是紧密相关的。西南联大的很多大师们对杨老也都非常尊重。那时有这样一种风气，大师们都不崇尚权力，当多高级别的干部无所谓，但是他们有门户之见，开会时总是争论不休。但大家都服杨老，杨老参会的话，事情就很顺利。

在学校内，情况也是如此。杨老不仅自己的专业造诣深厚，而且涉猎内容广泛，对中国的传统文化、古典诗词修养都很深。校内开会时，专家学者们时有争论，杨老发言，句句说到点上，因此大家都十分信服。

后来，经过十年“文革”和1976年唐山大地震，南开大学发展受到严重挫折。就是在那种情况下，杨老于1979年1月再次被任命为南开大学校长，承担起使学校恢复元气、重新发展的重任。杨老不断地写信或利用开会汇报的机会，向教育领导部门反映“文革”和地震灾害对南开大学造成的破坏，希望教育部能给予更多的帮助和支持，把南开大学办成国家的重点大学。教育部领导也同意在可能情况下给南开大学更多的帮助，我记得在那以后的一个时期，南开大学经费指标在综合大学中算是最高的。

杨老对学科建设、人才培养、师资队伍建设、科学研究工作、与国外大学的学术交流等更是不遗余力地关注，想方设法创造条件、争取机会。他给当时的教育部长蒋南翔写信，提出为培养国家急需的人才，应尽早派优秀研究生出国留学，并就如何培养自然科学接班人的问题提出具体建议。杨老为建立南开数学研究所、聘请陈省身先生回国任教，给胡耀邦、方毅同志专门写报告，得到了国家的有力支持。关于提掖后进、推荐师生出国深造、调教师干部进校等事情，更是不胜枚举。

20 世纪 80 年代初，我又调到校长办公室工作，有幸再次接近杨老，受其教诲。彼时，杨老已进入耄耋之年，虽然他身体健康，但常感精力不济。他常说不愿外出开会了，兼职太多，因为健忘，许多认识的人叫不出名字，有的在会上刚刚介绍过，转身就忘了，又不好意思再问。1981 年，杨老向党中央提出辞去南开大学校长和减少社会兼职，经中央同意免去其校长职务，任南开大学名誉校长。

杨老虽不任校长，但仍时时关心着学校发展。那时，杨老曾多次对我说："我有很多话要对你们说。"有一次，我去看望杨老，杨老给我讲了许多事情，讲南开的历史、掌故，讲学校工作中应注意的问题。在我的记忆中，这是杨老单独和我谈话时间最长的一次，也是谈话内容最多的一次。最后，杨老特别叮嘱我："为什么对你说这么多呢，就是要你们知道这些事情，你们都要记住。"我去的时候没有这样的思想准备，没想到杨老谈的内容这么多、这么重要，也没带纸笔作详细记录。回来后，我想找人专门去访问杨老，并做好录音和笔记，当时觉得杨老身体素质好，以后有的是时间。不久，我就被调去做筹建经济学院的工作，再也没有机会亲聆杨老的谈话。万万没有想到的是，1984 年秋杨老因患感冒住院，至 1985 年 2 月，时间不到半年就因心脏病不治去世。杨老关于校史和学校工作的讲话没有留存下来，不得不说是一个很大的遗憾。

我自参加工作以来，深受杨老对我的教诲和影响，从心底深深地敬佩他。“文革”结束后逐步落实政策，与我同在农场劳动的教师、干部都走光了，我是最后一个回校的。1977年冬，市委工作组进校后，我的冤案被纠正，我恢复了党籍，当时杨老尚不知情。1978年3月，国家召开了第一次科学大会，方毅同志主持会议，杨老应邀参会，天津师范大学半导体专家凌肇源教授也参加了此次大会。凌肇源是南开校友，毕业于南开大学物理系，会议期间与杨老住在一起。后来，凌肇源告诉我，有一天方毅同志去看望杨老，杨老问方毅：“南开大学的李万华，你们怎么还不给他落实政策？”这件事杨老始终没有告诉我，直到多年以后物理系同学聚会，我才从凌肇源口中得知此事。每念及在那艰难的岁月中杨老给我的默默关怀，我心中对杨老的感激之情更溢于言表。

落实政策后，组织上曾想安排我到校外工作，我坚决不去，因为像杨老、吴老这样的领导很难再遇到了，在他们的领导下工作，我心甘情愿，他们让我干什么，我就拼命去干。像我这样的情况并不是个例。

吴大任先生及其对南开与教育事业的贡献

吴大任先生是“南开五贤”之一，他的人品、学问令人钦佩。我于1947年到南开大学上学，后来留校参加工作，虽然一直没有机会听吴大任先生授课，可是我是跟先生接触最多的学生之一。因为接触多，所以先生对我的影响很大。

吴大任先生早年在德国留学，但因家庭经济问题回国，最终没有拿到博士学位。后来我曾听当年和他同在德国留学的陈省身先生说：“吴大任的博士学位已经放在口袋里了。”吴先生回国后，先后到武汉大学、四川大学教书，而没有去西南联大，也主要是考虑到要照顾家里。吴先生是个孝子，父母一直由他奉养，家庭负担很重，而当时昆明的物价是全国最高的，如果去西南联大的话，工资养不了家。

1946年南开复校后，吴大任先生返回母校任教。在天津解放前那风雨如晦的日子里，吴先生在政治上的开明态度，支持革命学生运动，大义凛然掩护进步同学，深受同学们的敬爱。在天津即将解放前夕，吴先生接受中共地下党的嘱托，与萧采瑜先生代表南开教授会，会同全校师生职工与时任校领导，反对国民政府教育部命令学校“南迁”，反对国民党军队进驻学校。全校师生职工集中“应变”在南开大学东院，迎接天津解放，使南开大学财产不受损失，人员没有伤亡，完整地交给人民政府。当时在我们学生心目中，吴大任先生是一位气度豁达、政治上进步的著名数学家。

1949年，吴大任先生被任命为教务长。吴先生本来一直在搞科研，但他欣然接受了任命，积极地投入到教学管理工作中。中华人民共和国成立后，由于工作需要，学校要留一批青年学生做党政工作。当时教育部规定，干部编制冻结，不能增加人，但教师编制可以敞开，所以，学校的第一批政治辅导员是以助教的名义留校的。1956年中央提出了“向科学进军”的口号，留校的行政人员人心浮动，要求转到教师岗搞科研，不愿做管理工作。我留校后，先是在人事室工作，后来调到物理系作支部书记兼系助理。我是文科生，到物理系工作之初碰到了很多困难和问题。吴先生每学期必到物理系听课，到实验室了解情况。我在汇报工作时也提出自己不是学理科的，工作起来很困难，希望调换到文科或去做别的工作。吴先生听了后总是说：“行政工作很重要，物理系很重要，困难的工作总得有人去做嘛。”我心里很感慨，吴先生是知名的数学家、大教授，他当时还不是党员，都能够服从党组织的安排，从学校工作需要出发，潜心于教学行政管理工作，在学术研究方面做出了巨大牺牲，我自己又有什么值得计较的呢？吴大任先生就是这样，润物细无声，以他的思想言行影响着周围的人。

“文革”期间，吴大任先生和我在一个劳改队里，朝夕相处。有一段时间我们集中住宿在一间大实验室里，吴先生年纪大睡讲台，我睡在实验台上，真叫作同吃同住同劳动同改造。运动一开始，吴先生就被揪出批斗，他所受到的精神上和身体上的折磨是很难表述的。每次他被批斗回来，有人问他，他也只是笑笑，并不多说。当时在劳改队里的人有时背地里谈论起群众运动有过火的言行时，吴先生的态度总是宽厚的。他说：“革命就像汽车司机掌握方向盘那样，一会儿左一会儿右，一会儿右一会儿左，像这样，就朝着正确的方向前进了。”吴先生把以往的政治运动和“文革”中的现象看作事物发展的规律，是以一个哲学家的思维和宽宏的心胸看待眼前发生的一切。

“文革”结束后，拨乱反正，落实政策，吴大任先生出任副校长。我落实政策后，起初在教务处，后来又到校长办公室，都是在吴先生直接领导下工作。吴先生辅佐杨石先校长，在党委的领导下，为恢复学校教学秩序、加强师资队伍、提高教学质量、推动科研工作而操劳，使学校在残破和紊乱的情况下得到恢复和发展。十一届三中全会后，南开大学逐渐开展与国外大学的学术交流，吴先生又是积极的倡导者和推动者。

20 世纪 80 年代，陈省身先生回国并到南开创立了数学研究所，与吴大任先生有着密不可分的关系。吴大任和陈省身两位先生关系很深，他们早年同在南开求学，后来又同赴德国留学。当年国内不少大师级别的数学家对邀请陈省身先生回国一事有不同看法，所以争取陈省身先生回国一事最初是保密的。时任天津市副市长、科委主任还就此事到南开找吴大任、胡国定等人了解情况。为此，吴大任先生多次和陈省身先生通信，做陈省身先生的工作，打消他的顾虑，积极争取他到南开来。吴先生去世后，我受委托帮着整理先生的文件资料，亲眼看到了他当年写给陈省身先生争取他回国的信件底稿的内容。

1979 年南开大学建校 60 周年校庆后，在吴大任先生的亲自领导和筹划下，南开校友总会恢复了活动。关于南开校友总会的名称及章程、组织形式及活动方针、争取上级机关立案批准等大小事宜，吴先生无不亲自过问，并担任南开校友总会理事长多年。南开校友总会恢复活动后，一直是在先生的亲切关怀下运作。他非常重视《南开校友通讯》的出版工作，对校友反馈的有关《校友通讯》的意见都认真对待，亲自督促处理。有一段时间由于编辑、校对、印刷中常常出现把校友名字、英文字母和一些带政治性的字句搞错的问题，吴先生更是高度关注、亲自改错。他常自责地说:“我这一生干什么事都可自问无愧，就是干校友会的工作，自己觉得没有干好。”这实际上是对我们校友会工作人员的批评，我始终觉得愧对先生。后来，以南开校友总会的名义开办进修学校，吴先生积极支持并担任名誉校长。他提出，办这所学校不应以牟利为目的，应坚持廉洁办学，要符合南开精神，以社会效益为宗旨。吴先生最后几年眼失明、耳失聪，仍然时刻关心校友会的工作，时时问起有什么新的进展、有什么新的打算等。

陈省身先生曾说过："吴大任是当代的圣人。"这一评价可谓名副其实。吴先生为人严谨，讲课水平很高。胡国定曾作过吴先生多年的助教，据他说，先生的教学堪称艺术，每堂课都精心安排，板书工整，一堂课结束时一根粉笔也恰好用完，而且每堂课都是这样。吴先生并不追求著作等身，而是重视基础课教学和教材的编写，像邱宗岳、冯文潜等老一辈南开人都是如此。吴先生是一位数学家，对自己的专业领域有精深的研究，但他自从担任学校领导职务后，相当一部分精力都投入到行政工作中。包括陈省身先生在内的很多人都认为，如果吴大任先生不做行政工作，专心从事学术研究，他的成就定会更高。

吴大任先生一生为南开大学贡献良多，南开的教育教学管理制度、学制、培育人才等都有他的设计和功劳，在南开的教育史上，吴先生应该被写上重重的一笔。不仅如此，吴先生还是我国著名的教育家，他对新中国的教育事业也做出了积极的贡献，很多全国性的教育问题都是他提议和反映的，比如恢复高考是他提出的，恢复学制（小学、初中、高中）也是他提出的，这些都有据可查。

吴大任先生的教育思想影响和启迪了很多人。天津大学原校长吴咏诗就在其书中多次提到吴大任先生对他的影响和帮助。吴咏诗 1950 年毕业于南开大学电机工程系后留校任助教，院系调整后调去天津大学。吴咏诗的爱人朱竹英同志曾是南开大学"南系"地下党员、化工系学生，专门做吴大任和陈鹀夫妇二人的工作。那时我负责领导的党小组在校内成立了一个读书会，组员就有朱竹英。吴大任先生和吴咏诗夫妇从那时起就联系紧密。20 世纪 80 年代，吴咏诗开始担任天津大学行政领导方面的工作，更是经常向吴大任先生请教，就教育方面的问题征求他的意见，深感获益良多，这从他的著作中即有所反映。

吴大任先生的人品更是令人敬重。吴先生在世时，但凡赶上学校搞捐款，他都是捐得最多的。有一次，他的夫人陈鹀要去医院看病，需要用车，吴先生说车是开会时用的，坚决不准公车私用。他为人耿直，无所畏惧。我记得，天津解放后，时任天津市委领导黄敬的一位姻亲要托关系到南开大学来读书，吴先生坚决反对，并将此事告诉了黄松龄同志，黄松龄同志又将此事转告了黄敬同志，黄敬同志严肃批评了自己亲戚的这种行为。吴大任先生就是这样，他有自己为人处世的标准，而且这个标准决不能被降低或打破。这也是老一辈南开人身上的典型特征和独有风骨，南开精神以及南开严格、严谨的教风和学风正是由他们这一代人所创立，并在他们这一代人身上得到了最好的体现。

吴大任先生这一生对家庭、对学校、对党、对国家都是一片赤诚，我深深地敬佩他。“文革”结束后，我拒绝了调往校外的升迁机会，很大一部分原因是因为吴老、杨老的人品深深折服了我，我愿意在他们的领导下为母校做工作。老南开人申泮文先生曾经感慨：“在‘南开五贤’中，只有吴大任先生没有塑像立碑。”作为有幸和吴先生交往 50 年的学生，我所受到的教益非常深刻，在我心中，吴大任先生值得所有南开人永久地崇敬和纪念！

忆滕维藻校长

滕维藻先生是我的老师。他早年从浙江大学毕业后，考入了南开大学经济研究所读研究生。战时，经济研究所设在重庆，桑恒康、杨叔进等先生都是他在经济研究所的同学。我于 1947 年到南开大学读书后，按照学校规定，根据高年级同学的介绍，选修了滕维藻先生的经济学课程。他讲课的内容新颖、翔实，常用一些数学方法演绎经济学概念，尤其令人印象深刻的是，他常联系时局，对国民党当局的反动腐败现象进行批判。选修这门课的学生很多，有西南联大转来南开大学化工系的高年级学生，也有不少像我这样刚入学的新生。有一些同学认为选修课容易通过，所以学习不太认真，没料到经过一次小考，同学们都改变了这种看法。滕先生出的考题很难，判分又特别紧，最高分只有 80 分左右，有不少同学考分不及格。这次小考之后，同学们都发现滕先生对学生要求很严格，不能应付差事，必须认真学习。

滕维藻先生是一位进步教师。天津即将解放前夕，全校师生集中在南开大学东院，在地下党领导下成立了南开大学应变委员会，后更名为安全委员会，下设几个工作组，吴大任、萧采瑜、滕维藻等进步教师都参加了安全委员会，滕先生承担情报方面的工作。当时所谓“情报”，就是及时让广大师生了解解放战争的进展情况，为此，滕先生把他家能够收听短波广播的收音机借给学生们使用。同学们将每晚收听到的解放区消息写成大字报，第二天张贴在校园里给大家看。“文革”中，滕先生就是因为这个“情报”工作被诬为“特务”。

滕维藻先生是中华人民共和国成立后最早申请加入中国共产党的进步教师之一。当时入党需要两个入党介绍人，张义和和我共同介绍滕先生入党。在入党前的谈话中，我了解到滕先生早在浙江大学读书时，曾因积极参加学生运动，反对国民党的反动统治，遭到国民党当局的逮捕关押，经浙大竺可桢校长大力营救，才获保释。入党前，滕先生担任过金融贸易系系主任，并曾兼任经济研究所所长。入党后，滕先生开始逐步承担了校党政领导工作，先后担任过副教务长、教务长、党委宣传部部长、统战部部长，“文革”后任副校长、校长，担任校长期间曾有两年兼代党委书记。滕先生在自己的专业领域有很大成就，曾被联合国聘请为跨国公司委员会高级顾问。他是在校领导班子里主持过多方面党政工作的学者型领导。

滕维藻校长是南开大学历史上第五任校长（1981—1986）。他担任校长期间正是南开大学历史上第二次创业时期，杨石先、吴大任、滕维藻、娄平、胡国定等校领导，在党委书记张再旺同志支持下，形成了一个团结协作、办事效率高、出成果多的领导集体。滕校长长期在杨老、吴老的领导下工作，深受老一辈南开人行事风格的影响。落实政策后，我先后在教务处、校长办公室工作，并在滕校长领导下负责筹建经济学院，对滕校长为南开大学发展付出的辛劳、做出的贡献有更直接、深刻的体会。

2003 年 1 月 22 日，李万华、李国骥给滕维藻夫妇拜年合影（前左一为滕维藻，后左一为李万华）

在恢复组建经济学院这场攻坚战过程中，滕校长始终是直接领导、亲自过问、全力支持、抓紧工作。翻看我当年的工作日记发现，那时我们向滕校长汇报工作、交流意见都是不分时间、随时汇报，有时是在中午休息时间，有时是晚上谈到很晚。从“中加项目”和“市长培训班”两项工作中，可以看到滕校长紧抓工作的情形。

1982年春，教育部通知南开大学，加拿大国际开发署准备在中国资助经济管理人才的培训。滕校长派我请管理系陈炳富教授一起做准备工作，及时由数学系、管理系抽调教师组建计量经济研究中心，陈炳富教授拟定了应开设的课程等。其间，滕校长多次催询各方面的进展情况。当年10月，受教育部委托，滕校长率领由人民大学、清华大学、南开大学、天津大学等八所大学组成的代表团赴加拿大商谈。我在1982年10月16、17日的日记中记载："钱荣堃、史树中是我校参加代表团的代表"；"滕校长代表教育部任团长，他最近极忙，发烧未愈，带病出发"。此后一直到中加项目签约以及中加合作的研究生班开学，滕校长付出了很多精力。

当年，为争取在南开大学开办市长培训班，滕校长亲力亲为，花费了很多心思。他在上海参加一个会议，会上谷牧副总理谈到为沿海开放城市培训对外经贸人才，准备找几个大学办这类人才的培训基地。滕校长立即抓住时机，向谷牧副总理介绍南开大学的优势，表明南开大学有能力承担这项任务。会后，他马上给学校打电话，让我们及时办理向有关部门申请承办这项任务的正式文字手续。不久，谷牧副总理在人大常委会的发言中提到，拟与教育部商量，选择少数大学作为沿海城市培养对外经贸人才基地。此事在报上公开报道后，考虑到其他院校也会争取承办这个项目，滕校长亲自拟文，详细列举南开大学在相关经济教育方面的优势，请教育部向谷牧副总理代为争取。约10天后，滕校长又专函致特区办何春霖主任，再次表示南开大学一定办好该项培训工作，同时提出“基建经费请领导给予支持”。申办期间，在特区办任司长的老校友华雁同志给予了多方帮助。最终，南开大学终于争取到了这个项目，这在当时是十分不容易的事。

在滕校长任职之初，还发生了一件事，市里想要征用南开大学西部的60多亩地。我刚到南开大学时，校园很大，包括位于八里台的南院、六里台的北院、迪化道（今鞍山道）的东院，从六里台到八里台之间的大片土地也都是南开的，但当时学校还没有力量进行建设。1952年院系调整后，南开大学只剩下八里台一带东起卫津路、西至红旗路之间的地方，形成了一个东西较长、南北极为狭窄的长条形。后来，南开大学西部原农场的大部分土地又被征用，如果这60多亩地再被征用，学校就几乎没有可以发展的余地了。得知消息后，滕校长非常着急，毅然决定与杨老、吴老一起联名给党中央、国务院写信恳切陈情，并派我和王明德同志专门去北京办这件事。几经辗转，在老校友的帮助下，我们将信送达国务院副总理万里同志。同时，申泮文院士在天津政协、全国政协也为此事呼吁，最终学校这片地被保留了下来。

滕维藻校长的业绩和他毕生对南开大学做出的贡献，是值得我们学习和纪念的。

甲子交谊忆申公

我和申泮文申公的交谊已逾60年。1947年，我到南开大学哲教系读书时，申公是化学系教员。1949年，南开大学成立了教授会、讲助会、职工会等组织，申公和陈炳富先生是西南联大同学，他们都是讲助会的骨干，与地下党联系紧密，地下党通过他们做教师的工作。申公是个进步教师，很早就提交了入党申请书，那时，我是南开大学党支部委员，分管组织工作，就由我负责和申公谈话。当时支部讨论通过了申公的入党申请，但上级党组织没有批准，原因是觉得他对某位有历史问题的亲戚有同情心理，界限划分不清。但申公始终不改初衷，直到1982年终于加入了中国共产党，彼时我再受委托和申公谈话，彼此很是坦诚。这已是后话，我对申公的了解确是从很早就开始了。

申公是地地道道的老南开，从南开中学到南开大学再到西南联大，又从西南联大回到南开大学教书，他的个人成长经历和南开所走的道路始终是紧密相连的。我曾经对申公说："你这样的经历在南开是绝无仅有、独一无二的。"事实也的确如此。申公早年在南开大学读书时，目睹了南开被日寇炸毁的惨景，他愤而投笔从戎。后来他辗转到了长沙临时大学复学，又在黄钰生老师的资助下，参加了“湘黔滇旅行团”，一路走到了昆明，在西南联大化学系继续学业。所以，申公一直对黄老充满了感激之情，对黄老的感情很深厚。1946 年联大宣告结束后，成立了北大、清华、南开三校联合迁移委员会，申公被委任为主任押运员，负责押运三校物资返回平津。当时他负责押运最后一批物资北上，是南开大学最后离开昆明的人，一路艰辛，几番周折，顺利完成了任务。申公代表南开为西南联大做出了自己的贡献。

1959 年，申公作为骨干教师去援建山西大学。当时，南开大学接到了援建山西大学的任务，校领导开会讨论，决定要选派业务过硬的教师和行政干部去支援山西大学。最终，学校派出了包括陈舜礼、申泮文在内的来自化学、数学、物理、生物系的教师、干部共 8 人。后来，申公在山西大学任化学系副主任，陈舜礼先生先后任山西大学教务长、图书馆馆长，80 年代又担任山西大学校长，他们为山西大学的发展做出了很大贡献。

1978 年底，在杨石先校长的帮助下，申公重新调回了南开大学，1980 年当选为中科院院士。那一年，南开化学系同时出了 5 位院士，申公是其中唯一一位没有出过国、没有拿高级学位的院士。申公在无机化学的教学与科研方面兢兢业业、扎扎实实地做了很多工作，我感触很深的是，他特别注重无机化学教材的翻译和编写工作。无机化学是化学中的基础课，化学系的大一新生就要开始学，因此，编译教材是一项非常重要的基础工作，申公作为一个老南开人始终坚持着重视基础的南开传统。

作为一个地道的老南开人，申公对母校可谓一片赤诚，为南开大学、南开中学做了很多工作。自 20 世纪 80 年代起，申公一直不遗余力、身体力行地致力于张伯苓教育思想以及南开爱国主义教育传统的宣传教育。他搜集了很多日本毁掠南开的历史照片和资料，并于 1992 年南开大学被日寇轰炸、劫掠 55 周年之际，牵头发动了向日本政府索赔南开大学（含南开中学、南开女中、南开小学）被侵华日军所毁掠的校产。那时申公是全国政协委员，他在当年召开的政协七届五次会议上提出了“关于允许民间个人和民间团体向日本国政府索要战争损失赔偿”的提案稿，引起与会委员的普遍反响，并最终形成政协正式提案。此举得到了很多老南开人、南开创始人的后人以及南开校友的大力支持，以南开校友总会的名义成立了“对日索赔南开被毁掠校产发起委员会”。我当时是校友会负责人，亲身参与了此事，因而有了那次与申公并肩作战的经历。尽管当年的对日索赔因故未能成功，但在整个过程中申公所表现出来的爱国爱校、毅然决然和无所畏惧令我非常敬佩，那是老南开人独有的风骨，我想南开精神早已渗透于他的血液之中。

申公对南开中学的工作同样是大力支持。就我所知，他为了协助南开中学收回体育场可谓全力以赴，多次在人大、政协会上组织校友联名提案呼吁，给中央领导、天津市领导写报告写信反映问题，这并不是一件容易的事情，可他一直坚持不懈，直到问题最后解决。

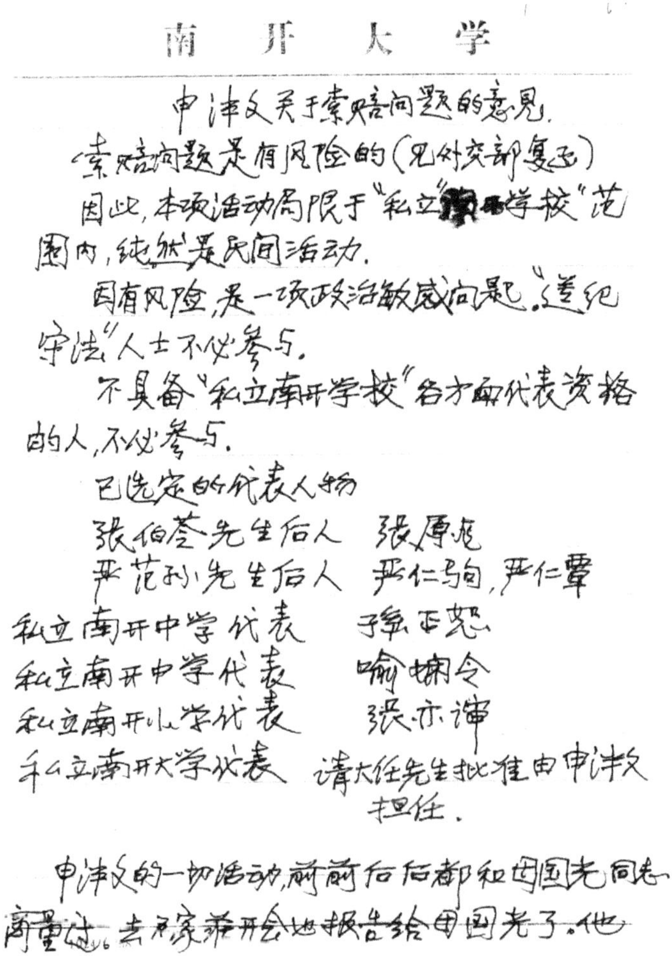

南开大学

申泮文关于索赔问题的意见.

索赔问题是有风险的(见外交部复函)

因此,本项活动局限于"私立[illegible]学校"范围内,纯然是民间活动.

因有风险,是一项政治敏感问题,"遵纪守法"人士不必参与.

不具备"私立南开学校"各方面代表资格的人,不必参与.

已选定的代表人物

張伯苓先生后人 張厚[illegible]

严范孙先生后人 严仁驹,严仁覃

私立南开中学代表 孫正恕

私立南开中学代表 喻蜩令

私立南开小学代表 張亦谛

私立南开大学代表 请大任先生批准由申泮文担任.

申泮文的一切活动,前前后后都和田国光同志~~商量过。去日本参加会也报告给田国光了。他~~

1992 年申泮文院士手书的《关于索赔问题的意见》

申公对老南开人也是一片古道热肠、全心全意。他对恩师黄钰生先生感念一生，20 世纪 80 年代，申公为了黄钰生先生 1952 年冤案的平反和落实政策而积极奔走呼吁，做了很多实际工作，在校友们的共同努力下，黄钰生先生冤案终获平反。1983 年，由西南联合大学、北大、清华、浙大和燕京五所大学的天津校友会联合举办的天津联合业余大学成立，黄老积极支持并亲自担任校务委员会主任，付出了很多精力。申公追随黄老，也积极投身于办好天津联大的教育事业中，并在首任校长娄凝先同志病故后，慨然出任联大第二任校长。南开校友总会于 1989 年也加入到天津联大办学的队伍中，我代表南开校友会参加联大校务委员会。天津联合业余大学是天津市第一所民办业余大学，得到了有关领导部门的支持和校友们的大力帮忙，市里专门拨了房子给联大作校舍，著名英籍华裔女作家韩素音女士还曾资助过联大 10 万元港币。天津联大在相当长的一段时间内办得很有生气，也很有成就，这其中凝结了黄老、申公很多的心血和精力，是他们办教育的成功之举。

申公为人，路见不平则鸣，坚持伸张正义，这是令我很佩服的一点。我记得在 20 世纪 80 年代，我校校医院有位大夫的儿子在山西某工厂工作，该厂发生了火灾，造成了重大经济损失，厂领导不经深入调查，将该青年诬为纵火犯并进行严厉处罚。申公得知后，在全国政协会议上将此事揭露出来，要求平反冤案，还人以公道，此事在社会上引起了广泛关注。事发后，该厂的书记、厂长带着案卷找到南开大学，我当时在校办工作，接待了这一行人。原来他们是希望南开大学党委出面做申公的工作，让他不要再干预此事。我当即就对来人说："申泮文是全国政协委员，公开提案和发言是他作为政协委员的权利和自由，南开大学党委无权干涉。"事后，我和申公谈及此事，才了解了事情的来龙去脉，也为和他打了一次小配合感到高兴。无怪乎那时有人说，在南开大学教师里就是申泮文爱管“闲事”，干部里就是李万华爱管“闲事”。

我和申公交往 60 余年来，除了动荡年代中的身不由己，一直保持着联系。申公写了文章或编印了材料，都会送给我一份，这些资料我都完整地保存着。他 80 岁和 90 岁生日时，我都获邀参加了。近些年来，因彼此行动不便，我们就通过电话联系。我记得，陈炳富先生去世时，申公曾打电话给我，他感慨地说：“西南联大的老人又少了一个！”2015 年，西南联大纪念碑（1988 年建于马蹄湖西侧，上有黄钰生先生撰写的碑文）在津南校区“联大纪念园”复立，龚克校长致信申公告知此事，并附相片一张。申公特意让其家人将信和照片转交给我，这桩我们当年共同未了的心愿如今也算了却了。申公是个意志坚强的人，80 多岁时还骑着自行车出来办事，去年我因心脏病到总医院治疗期间，曾就近到总医院的高干病房去看望他，那时他还对我说：“我没有病，在这里疗养。”

如今，申公百岁而逝，有三点殊不能忘。不能忘他的学术贡献和办教育的费尽心力！不能忘他对母校的赤子之心，为南开大学、南开中学做出的贡献！不能忘他对老南开人、南开校友的全心全意、全力以赴！

申公，走好！老友，走好！

老南开人和他们的南开情结

改革开放后，国内高校逐步打破封闭的办学体系，加强国际学术交流。南开大学抓住很多学者纷纷到中国访问、讲学的机会，积极联系并争取世界一流专家、南开知名校友到南开来主持教学及科研工作。因为工作关系，我有机会亲身经历此事，有幸结识了李卓敏、吴大猷、陈省身、桑恒康等几位老南开人，了解了他们的经历，目睹了他们的风采，也对他们所共有的南开情结有了更深刻的体会。

1983 年 2 月，美国加利福尼亚大学终身教授李卓敏先生应邀到南开大学参观、访问，南开大学聘请他为名誉教授。李卓敏先生早年留学回国后应聘到南开大学商学院任教授，负责经济研究所的教务工作，日寇毁校后随校南迁，任教于西南联大。李卓敏先生办教育很成功，他是香港中文大学的创办校长，并担任校长职务达 15 年之久，香港中文大学有他的塑像。我记得，当时学校举行了座谈会，李卓敏先生在会上发言，就如何培养学生谈了三点看法。他讲道：大学的任务，一是培养学生智力，能独立思考，不要成为书呆子；二是培养学生的鉴别力，能辨别是非、真伪；三是培养学生的适应能力，适应团体、适应社会，能与他人合作共事。会后，我在工作日记中详细记载了他的讲话内容，觉得很受启发，直到现在仍然记忆深刻。

20 世纪 80 年代南开大学经济学院恢复组建后，准备建立国际经济研究所，并聘请李卓敏先生担任所长。经过沟通，李卓敏先生愿意回到南开工作。南开大学向国家教委提出申请，并于 1986 年初获得了批准，同意南开大学建立国际经济研究所，并聘请美国加州伯克利大学经济系教授李卓敏为国际经济研究所所长。但遗憾的是，那时李卓敏先生身体出现了问题，并因此未能就任。为此，他专门指定由他的学生、南开校友杨叔进代替他到南开担任国经所所长。杨叔进先生是著名发展经济学家，时任世界银行驻北京专员。他欣然应允老师的推荐，接受了南开大学的聘请，到南开来担任国经所首任所长，为国经所的发展打下了良好基础。

经济学院恢复组建后，还邀请到桑恒康先生到南开来并创办了交通经济研究所。桑恒康先生是联合国交通运输署高级专家，当时国内不少高校都想聘请他，他最终选择回到母校南开，在资金短缺、条件简陋的情况下，亲自去往香港募集资金，作为办所的费用，使交通经济研究成为南开的一大特色。

20 世纪 80 年代，在吴大任先生、胡国定副校长的积极争取下，陈省身先生回国并创立了南开数学研究所。他为数学所和我国数学事业的发展尽心尽力，培养了很多数学人才。我记得，他曾亲自去往香港，为数学所筹募资金。他给时任中共中央总书记江泽民写信，提出希望在南开建立数学研究中心大楼，立即得到国家领导和相关部委的大力支持和资助。

南开大学建校80周年校庆时，学校在敬业广场召开大会，陈省身先生发表演讲，谈到他回到南开的原因。当时北大、清华都想聘请他，他之所以选择南开，一是因为自己中学、大学生活都是在南开度过的，对母校感情很深；二是因为天津较首都北京而言，距离不算远，而且可以避开很多不必要的应酬。当时南开大学与天津大学合并一事正在热议，时任国务院副总理李岚清为此特地到南开来了解情况。我记得当时陈省身先生说过：世界一流大学如美国的哈佛、耶鲁和英国的剑桥、牛津，都不在国家首都，南开也不在首都，我希望将来南开大学可以办成中国第一大学。言犹在耳，这既是一位世界一流数学家的理想，也是一位老南开人对母校的热爱和期望。后来，陈省身先生在南开园定居，并溘然长逝在南开大学。

还有一件事，知道的人恐怕不多。1992年，著名物理学家、南开校友吴大猷先生到大陆进行学术交流活动，在此期间，他应邀回到母校南开大学。南开大学举行了仪式，授予吴大猷先生名誉博士。吴大猷先生曾在南开学习、工作过10年时间，对张伯苓老校长和南开的感情很深，他的堂弟吴大任先生也积极做他的工作。在征询其本人意愿后，学校向中央提交了报告，希望吴大猷先生回国并定居南开。当时国内其他高校也在积极争取吴大猷先生，中央批准了南开大学的申请。但遗憾的是，吴大猷先生也因病终未成行。

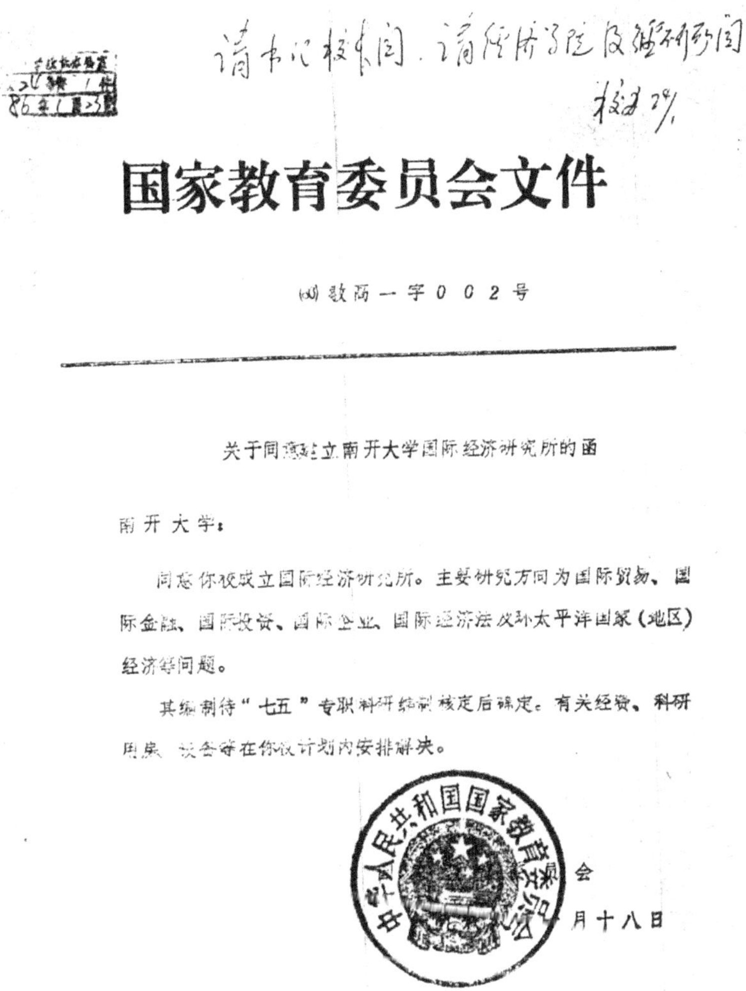

国家教育委员会文件

(86)教高一字002号

关于同意建立南开大学国际经济研究所的函

南开大学：

同意你校成立国际经济研究所。主要研究方向为国际贸易、国际金融、国际投资、国际企业、国际经济法及环太平洋国家（地区）经济等问题。

其编制待"七五"专职科研编制核定后确定。有关经费、科研用房、设备等在你校计划内安排解决。

会

月十八日

1986 年 1 月 18 日，国家教委《关于同意建立南开大学国际经济研究所的函》

国家教育委员会文件

(86)教外专字027号

关于聘请李卓敏为南开大学国际经济研究所所长的通知

南开大学：

南请字（1985）96号函悉。

同意聘请美国加州伯克利大学经济系教授李卓敏为你校国际经济研究所所长，请在适当时机举行仪式并颁发聘书。

一月廿二日

抄送：天津市外办、高教局

1986年1月22日，国家教委《关于聘请李卓敏为南开大学国际经济研究所所长的通知》

我认为，这些老南开人、知名校友是南开大学宝贵的历史资源，他们的人生经历和办教育的成功正是南开校训、南开精神具体而生动的体现，应该在校史中有所体现。此外，这些曾经在南开学习、工作过的老南开人都是终生不忘南开，对学校有着割不断的南开情结。这是南开的一大特色，也成为南开人的一种传统，代代相传。关于“南开情结”形成的原因，以及它所反映出的南开教育的特点，同样是值得探讨的重要问题。

南开不能遗忘的人物——陈序经

陈序经先生是南开大学历史上的重要人物。早在私立南开大学时期，陈序经先生即应邀到经济研究所任教授。日寇毁校后，他随校南迁，任教于西南联大，并担任联大法商学院院长，当时，法商学院的规模仅次于工学院。抗战胜利后，陈序经先生受张伯苓校长的信任和委托，随校返回天津，一身兼任教务长、政治经济学院院长和经济研究所所长三个重要职务，在南开大学复校、建校过程中发挥了重要作用。陈序经先生是南开大学复校后第一任教务长，他去岭南大学任职后，吴大任先生接替他担任教务长。

1948 年，国民党想把北方的一些著名学府迁到南方，南开大学地下党得知后组织了“反南迁运动”。当时，不少南方同学和个别北方同学离开学校南下，想到南方投考大学，结果到南方后才发现事与愿违，他们不愿迁往台湾，但又没有了回北方的路费，很多同学便找到陈序经先生帮忙，他都资助学生路费，让他们返回北方。

陈序经先生在东南亚华侨中声望很高，也很有影响力。他很早就开始了对暹罗（今泰国）的研究，著有《暹罗与中国》（1941 年）一书。他在广州工作时，当地华侨曾送给他一辆奔驰轿车，这在那个年代算是件了不起的事。他在路上碰到认识的教师，总是让他们上车，捎上一段路。或许正是因为陈序经先生在东南亚一带影响力很大，康生认为他和国外联系多、不可靠。1964 年，陈序经先生从暨南大学校长任上调任南开大学副校长。后来，吴大任先生告诉我，这其实是周总理出于对陈序经先生的保护所做出的特别安排。

复校后经济研究所研究人员在经研所前合影（左一为陈序经，左三为何廉，右一为鲍觉民，右三为龙吟）

陈序经先生是个重情义的人，对南开感情也很深，他回到南开后，挨家拜访老南开的教师和职工。“文革”开始后，陈序经先生被指控为“里通外国”“特务间谍”，红卫兵抄了他的家，第二天还准备批斗他，但陈先生因心脏病突发去世，“文革”结束后，拨乱反正，落实政策，校党委书记张再旺同志亲自主持了陈序经先生的平反昭雪工作。

陈序经先生一生从事教育，不论是在南开大学、西南联大，还是后来在岭南大学、中山大学、暨南大学，他办教育都是很有成就的。同时，陈序经先生也是个大学问家，一生所学甚广，著作等身。我认为，这样一个有才学、有能力、有影响，又为南开大学做过贡献的人物，是南开大学宝贵的历史资源，校史中应给予足够的重视，这是对历史人物应有的肯定和尊重。

我们这一代——记“老三届”校友

“老三届”的青春之歌

在南开，“老三届”指的是 1946 级、1947 级和 1948 级三届学生。我是 1946 年在重庆报考的南开大学哲教系，被录取后办理了保留学籍手续，1947 年正式到南开报到。我们“老三届”的大学生活是在风雨如晦的艰险动荡岁月中度过的。在国民党反动派制造的白色恐怖中，“老三届”同学们（其中包括中共地下党员、地下“民青”和进步学生）以无畏的勇气和饱满的热情投入到爱国民主运动中。我们像斗士一样，与北京、天津、南京、上海等地学校的广大同学并肩作战，抗议美军暴行、反饥饿、反内战、反迫害，并最终在南开大学地下党领导下完成了艰苦的护校斗争，迎来了天津解放。

紧接着，“老三届”的同学们又积极热情地响应党的号召参军参干。据统计，南开大学有 329 名同学中断了学业，离开了学校，奔赴党最需要的战斗岗位。当时，很多同学自愿报名参加了四野南下工作团，随军南下，到新解放的地区担任干部。我的入党介绍人杨思复也随军南下，那时我也报名了，但体检后未获批准，因为随军南下的条件非常艰苦，对参加者的身体素质要求也更高一些。

“老三届”是南开大学向新中国输送的第一批建设人才，工作后成为各条战线的骨干力量，用勤劳与智慧在激情燃烧的岁月里谱写着献给党和祖国的青春之歌。但在历次政治运动特别是“文革”当中，我们当中的大多数被错划为批判和整肃的对象，受到不公正待遇，直到“文革”结束，才得以落实政策。虽历经磨难，但不改初衷，重新走上工作岗位后，我们这一代人仍保持着踏实肯干、苦干实干的作风，很多人走上了领导岗位，一展抱负的同时，也为南开赢得了良好的社会声誉。

我们这一代人有着浓厚的爱国爱校情怀，同时我们这一生也是坎坷不平的。记得有一次，我们部分“老三届”校友在北京聚会，回首往事，大家都感慨良多。我亦有感而发:“历史赋予我们这一代人的任务，就是历史前进道路上的垫脚石，让后人从我们身上踏过。”这是我们的使命，也是我们的责任。

“老三届”的南开情结

南开人都有一种很深的南开情结，这也是南开的传统之一。我所接触过的如陈省身、李卓敏、吴大猷、桑恒康等老一辈南开人都是如此，他们对南开的热爱以及为母校所做的贡献，都是十分可贵的。我们“老三届”校友也同样是一片赤子之心。校友丛林（丛怀经）为纪念母校建校80周年曾撰写了一篇题为《献上我们的青春之歌》的文章。文中写道：“忆往事，峥嵘岁月稠。对母校的爱护和培育，我们有说不尽的感激之情。”这是“老三届”校友的共同心声。

1979年南开大学举办建校60周年校庆时，300余位校友返校参加，这也是“老三届”校友们离校后第一次集中返校。经历了十年“文革”和1976年唐山大地震损毁的南开大学彼时还元气未复，校友们看到母校当时的状况都纷纷表示：以后有办法了，一定帮助母校恢复以前的面貌。后来，我因学校发展各种大事小情找到“老三届”校友的，校友们都积极提供帮助。比如20世纪80年代经济学院恢复组建，如果没有“老三届”校友们帮忙，会很困难。可以说，“文革”后南开实现复兴，我们这一代人尽了最大努力。

从1979年校庆60周年开始，我们“老三届”校友每年都要聚会，逢五逢十北京来人。怎么感谢母校的培养呢？我们这些同学每到校庆日就想为母校献上一份厚礼。60周年校庆时（1979年），我们向母校献上了书有“天下兴亡，匹夫有责”大字的匾额，悬挂在老图书馆入口处。70周年校庆时（1989年），我们为校训“允公允能，日新月异”刻石立碑作为献礼，放置在新开湖西侧靠近大中路的草坪上。80周年校庆时（1999年），我们为母校敬献了绘有“公能”校训的特制工艺品景泰蓝瓶一对，现立于八里台校区服务楼二楼大厅。90周年校庆时（2009年），我们再为母校献上一扇硬木屏风，上面镌刻了时任国务院总理温家宝于 2009 年视察南开大学时关于“南开道路、南开品格、南开精神”的讲话摘要。“老三届”校友为母校敬献的礼物凝聚着我们这一代人的心血，蕴含着我们这一代人对母校的深深敬意和祝福。

“老三届”校友为母校 70 周年校庆献礼“校训碑”

我们“老三届”同学受母校的培养，很多人在党的领导和帮助下参加了革命，成长为社会主义祖国的栋梁之材。怀抱饮水思源、不忘母校的初衷，在南开大学复校 50 周年时（1996 年），“老三届”校友们曾想举办一个盛大的纪念活动。当时，北京、天津的部分校友排演了歌曲、舞蹈等节目，并给学校写了一封信，详细阐明了我们的活动计划，并列出了准备表演的节目。虽然最后表演因故未能如期举行，但校友们对母校的深情厚谊是溢于言表的。

“老三届”校友为庆祝母校 80 周年校庆敬献的景泰蓝花瓶

1946 至 1951 届校友为母校 90 周年校庆敬献工艺美术木雕屏风

“老三届”校友们的故事

“老三届”同学们的人生可谓跌宕起伏，每个人的经历都可以写成一本书。这些我亲身经历过的人和事，穿越了时间的长河，闪耀着别样精彩的光芒。

最早在同学中传播马克思主义政治经济学的校友胡公达

胡公达（后改名为胡乐云）是 1946 级经济系校友。在校时，我们参加同一个社团——南雁社。他的年龄比同年入校的同学略大，我们南雁社的同学都很尊敬他，亲切地称他为“老家伙”。胡公达在中学时就入党了，是南开大学“北系”支部的支部委员。

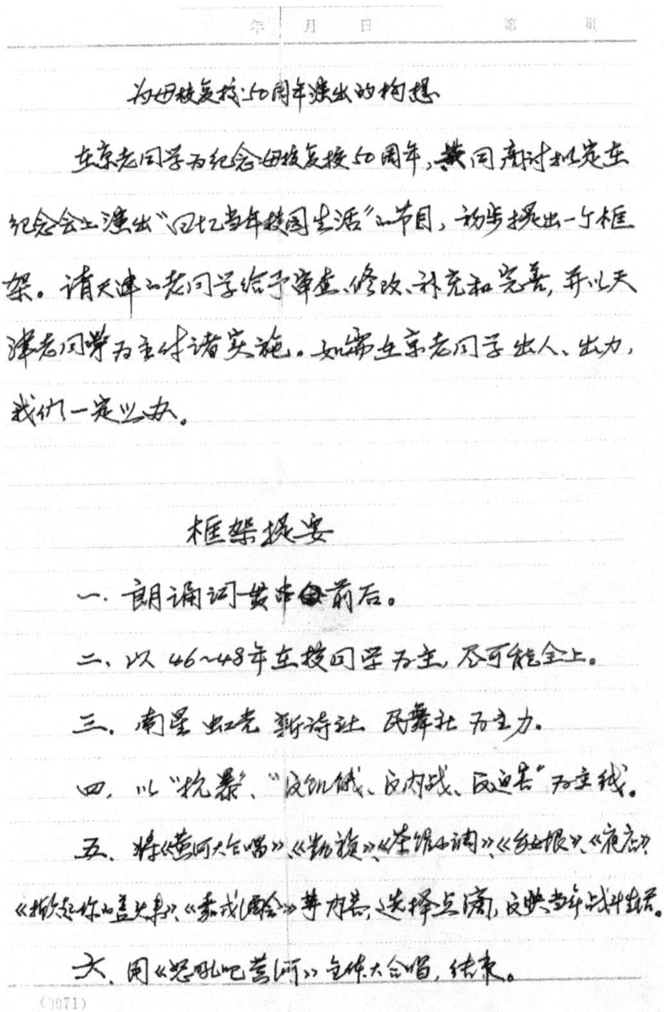

年　月　日　　第　页

为母校复校50周年演出的构想

在京老同学为纪念母校复校50周年，共同商讨拟定在纪念会上演出“回忆当年校园生活”的节目，初步提出一个框架。请天津的老同学给予审查、修改、补充和完善，并以天津老同学为主付诸实施。如需在京老同学出人、出力，我们一定照办。

框架提要

一、朗诵词贯串前后。

二、以46~48年在校同学为主，不可能全上。

三、南星 虹光 新诗社 民舞社 为主力。

四、以“抗暴”、“反饥饿、反内战、反迫害”为主线。

五、将《黄河大合唱》、《跌倒》、《茶馆小调》、《纺棉娘》、《夜店》、《掀起你的盖头来》、《赤戏剧会》等节目，选择片断，反映当年战斗生活。

六、用《怒吼吧黄河》全体大合唱，结束。

(0071)

“老三届”校友为母校复校 50 周年演出的构想

那时，教师当中还没有多少人懂马克思主义，更提不上专门研究马克思主义，而胡公达已经开始在南雁社里带领同学们学习马克思主义政治经济学。关于苏联列昂杰夫的政治经济学，关于马克思主义政治经济学的核心概念——剩余价值等内容，我们都是从胡公达那里最早接触并了解到的。只不过当时我们对此还比较懵懂，后来进一步学习时才有了更深刻的理解。可以说，我们南雁社的同学都是他的“学生”，都受到了他的影响。

胡公达对经济学的研究是比较深的，大学毕业后曾到中央党校从事经济学研究，后来因主张市场经济被打成右派，下放到山西劳动改造，落实政策后，被安排到山西榆次区晋中市委党校工作。因胡公达在经济学方面的造诣，20 世纪 80 年代我校经济学院恢复组建后，曾想把他请回南开任教，但因为家属安置问题难以解决，此事最终搁浅。胡公达对母校有着很深的感情，每到逢五逢十校庆纪念，都回校参加活动。胡公达曾和我说过，他这辈子只发展过一个党员，就是李鑫。

参与粉碎“四人帮”的南开校友李鑫

李鑫，原名李斯铮，是南开大学管理系 1946 级学生。上大学时，我们都是南雁社的成员，因此联系比较多。1948 年暑假期间，李鑫离校回家，临走前把图章放在我这里，让我帮他代领挂号信。就在那个假期，天津发生了“八二〇”大逮捕，我赶紧写信通知李鑫：“天津气候不好，你快回家吧。”“回家”是我们的暗语，意思就是“去解放区”。李鑫接到信后，明白是有紧急情况发生，就直接从老家去了解放区。

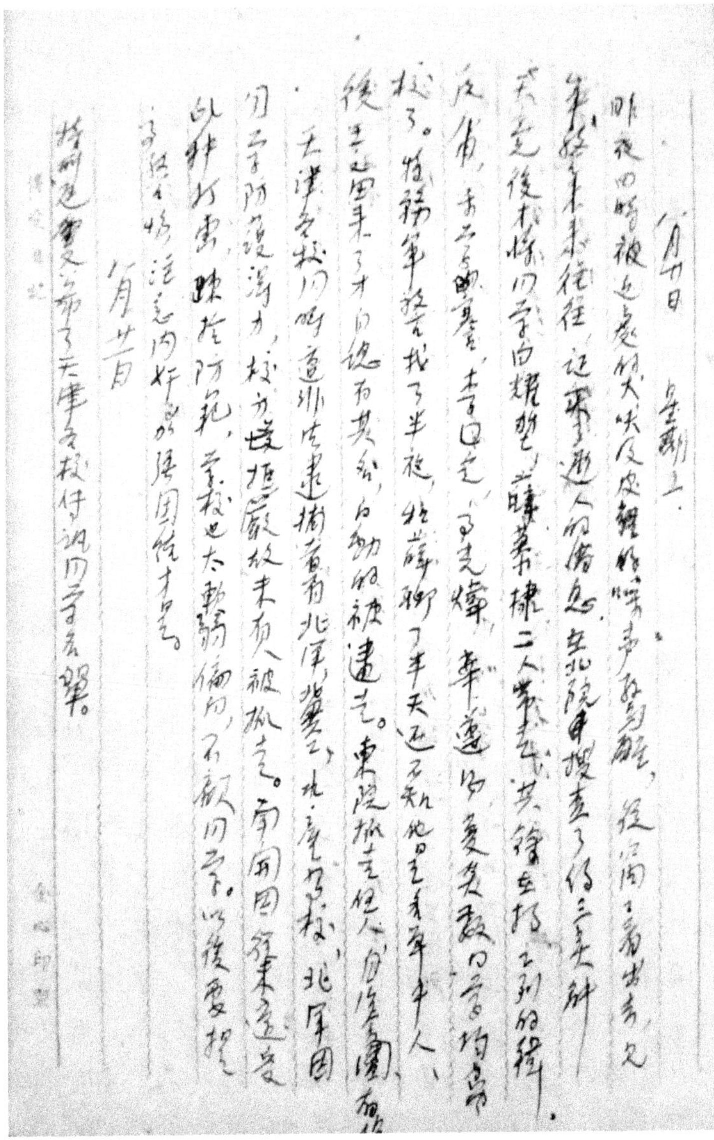

李万华于 1948 年 8 月 20 日大逮捕当天所写日记

1949年干部进城，李鑫回到了天津，担任市文教部部长黄松龄的秘书。黄松龄同志于1952年调任高教部副部长时，把李鑫也带去了高教部，并任命他为生产实习科科长。后来，康生找黄松龄部长推荐干部，黄松龄部长就把李鑫推荐给康生作秘书。我记得，李鑫后来曾一度身兼八大要职，包括中办副主任、毛泽东著作编辑出版委员会党委书记等。

毛主席去世后，李鑫较早提出并向华国锋同志建议，对“四人帮”要断然采取非常措施。对此，已有当年的知情人撰文写明。“四人帮”被粉碎后，李鑫作为中办副主任，负责一些重要文稿的起草工作，后来，关于“两个凡是”的社论文章也是由他执笔。“两个凡是”的提法被否定后，李鑫的工作岗位发生变化，被安排到中国社科院工业经济研究所作研究员。

1992年，我陪老伴儿到北京做手术，见到了李鑫，我们相聚谈话整整一天。李鑫说，“文革”期间和“四人帮”的斗争很厉害，因他担任毛泽东著作编辑出版委员会材料组负责人，掌握着所有关于毛泽东的手稿、演讲、报告等资料，江青等人曾多次找他要这些资料，李鑫都顶住了压力没给，他很早就知道“四人帮”有野心。

还有一件我亲身经历的事，应该感谢李鑫。“文革”期间，南开大学地下党被打成了“特务集团”，军宣队代表找我写关于李鑫的材料，并且对我说，这个材料只能交给他本人，调查李鑫的事情也绝不能跟任何人说。我就把李鑫在南开大学上学期间的表现写成文字材料交给了他。材料提交后不久，南开大学地下党是“特务集团”便不再公开提了。

从文化服务社走向新华社的校友孟帆

20世纪80年代，香港新华社分为“大新华社”和“小新华社”。“大新华社”是中央驻港机构，“小新华社”是中央新华社驻香港办事处，负责东南亚地区的新闻采编。“老三届”校友孟帆曾担任“小新华社”总编。

孟帆是1946级外文系的学生、地下党员，后来去了解放区，1949年后回到了天津，担任新华社天津分社记者。在南开读书时，孟帆负责北院的文化服务社。文化服务社专门通过各种渠道搜集进步书籍，秘密运到大学里面供同学们阅读。我记得，当时苏联在天津有个办事处，免费赠送《列宁文选》《联共党史》等书籍，这些都是国民党当局禁止出版、不能公开的图书。

我和孟帆结识就是缘于文化服务社。文化服务社不卖书，同学们可以到那里去看。我经常去文化服务社看书，孟帆见我喜欢进步书籍，便送了我一套《列宁文选》，还想发展我为党员，后来才知道我当时已经入党了。我跟孟帆一起经营文化服务社。其间，我们二人到袜子胡同的一个进步书店取过两次书，都是从解放区和香港秘密传来的，外面包上《红楼梦》《三国演义》等小说的书皮，里面其实是共产党的宣传资料和进步书刊。孟帆去解放区前，把文化服务社委托给了我。

孟帆对校友帮助很多。天津解放后，我通过孟帆的关系，介绍过南开同学去新华社工作。20世纪80年代，孟帆在香港工作，经济学院的教师去香港进修，我就委托孟帆帮忙安排住宿，住在新华社的职工宿舍里面。后来孟帆在北京，我们每年都有通信来往，一直保持着联系。

帮助解决大事小情的校友李耐波

李耐波是 1947 级政治系校友，他是云南人，李家在当地是个大家族。战时交通不便，我从贵州到天津路上走了一个月时间，李耐波当时是坐飞机到南开大学上学的，这对我们来说算是件新鲜事。李耐波是进步学生，1948 年天津“八二〇”大逮捕发生后，他作为南开大学学生会理事，积极奔走营救被捕同学。当时，国民党天津警备司令部有李耐波的云南同乡，他出面去交涉，尽可能地营救被捕同学。后来，有的同学被营救出来了，有的同学被移交给了特刑庭。

李耐波后来去了解放区，1949 年后回到天津，在天津广播电台工作，并于电台工作期间加入共产党。当时，有南开大学毕业的学生在电台工作，有的当记者，有的当编辑。河北省领导天津时整顿电台，凡是和地下党有联系的工作人员都被遣散了，李耐波也被迫离开电台，被分配到天津市二轻局工作。

从 1979 年南开大学建校 60 周年校庆开始，李耐波为南开大学默默做了很多工作。那时，他因为工作出色，已经担任了二轻局领导职务，因为同在天津，我有事就去找他帮忙。60 周年校庆时，校友大合影是李耐波和左正帮忙找来专门给市领导开大会照相的营业单位，带了设备来校摄影。由于相片很长，没有合适的洗印池，也是李耐波找人专门在单位做了一个大冲洗池，才把相片洗出来。“老三届”校友送给母校的“天下兴亡，匹夫有责”木匾的木料和刻字加工也是李耐波帮忙解决的。

20 世纪 80 年代，为响应国家号召，南开校友总会有过一段办学经历，最困难的启动阶段是李耐波想方设法帮忙渡过的。他不仅帮忙筹措了学校的注册资金，而且规定二轻局范围内没有达到初中水平的职工，一律进入南开大学校友会办的业余进修学校学习，每人交费 40 元，可以报销，这种两利的措施一下子促使几百人入学，帮助学校解决了生源和办学经费的难题。这一件件事情可能都算不得轰轰烈烈的大事，但正是这种在紧要关头的雪中送炭，使人更为深刻地体会到了老校友对母校的情谊，可谓是于细微处见真情。

整顿南开香港校友会始末——兼忆几位为南开默默奉献的“老三届”校友

20 世纪 80 年代初，在南开大学法学系刚刚成立不久之际，为培养师资、发展专业，学校用天津市外贸局给的一个赴港进修名额，派我校教师高尔森去香港一家律师事务所学习。高尔森 1952 年毕业于北京大学法学院政治系，他的导师王铁崖先生是著名的国际法专家。高尔森大学毕业后分配到南开大学，在马列主义教研室工作，负责政治课教学，反右运动中被调离学校，1979 年落实政策后重新调回南开工作。

高尔森从香港返校后向我反映了一个情况，他说，香港有个南开校友会，负责人是个台湾人，他是南开中学的毕业生，曾任国民党湖南省某个地区的防空司令。那时，大陆和台湾的敌对思想还比较严重，因我当时兼管着校友会的工作，听说这个情况后，我就向学校提出，要去整顿香港校友会。学校研究后决定，为表重视，时任校长母国光、副校长王峰山与我一同前往香港。

我们在广州停留时，通过南开广州校友会负责人张俨，见到了负责香港校友会的台湾人。张俨是南开大学化工系 1946 级学生，曾是我联系的地下“民青”，他和这个台湾人有联系，了解情况后，就把台湾人请来，和我们一起吃了顿便饭。因为我在思想上和这个台湾人是对立的，所以见面寒暄后，并没有谈及我们此行去香港的目的和任务。

此次香港之行得到了香港南开校友们的大力支持。我们只支付了路费，其余的住宿、联系、接待等事宜都由校友何国钊承担了下来。何国钊是何香凝的本家，解放前就读于南开大学经济系，1949 年后转学去了北大。当时，何国钊是日本日立电梯香港公司常务董事，南开人到香港去访问，他经常出面接待。

我们在香港的交通由另一位南开校友韩德扬负责。韩德扬是 1946 级企管系校友，他的父亲是天津某大银行行长，梅贻琦先生是他的姑父。韩家是天津的名望之家，国内外的联系都比较多，他还有个姑姑曾经担任过邓颖超同志的秘书。“文革”结束、落实政策后，韩德扬被轻工业部一个研究所所长派去了香港。韩德扬的亲戚朋友在香港的比较多，我们的出行、接送都由他负责。

香港的交通很复杂，有一次还闹了笑话。韩德扬开车接母国光校长，晚八点后他就违规抄近道走，被警察拦阻了，要罚款。韩德扬对警察说:“车上坐的是南开大学校长，要开会赶时间，所以车子才抄了近道。”结果，警察一听是南开大学校长，竟然不罚款就放行了。

到香港后，我们经过了解，发现这个台湾人主持的香港校友会没有注册登记，是不合法的。我就和何国钊、韩德扬联系了一批香港校友，校友们见面后，推举何国钊为筹备人，到有关部门注册登记，正式成立了南开香港校友会。在香港成立校友会困难是很多的，必须严格地在法律许可范围内活动。南开香港校友会成立后，我们便和香港校友建立了联系。

何国钊、韩德扬两位“老三届”校友和母校的联系比较多，也默默地为母校做了很多工作。就我所知，南开园建于 2002 年的蒙民伟楼就是通过何国钊的关系争取来的项目。韩德扬在北京病重期间，我和几位同事去看望他，他决定将自己的 3 万元积蓄捐赠给母校作奖学金，同时捐 1 万元资助南开校友会，当日即转账兑现。后来，校友会将 1 万元也一并上交给了学校。

此外，还有很多“老三届”校友在默默关心着母校，在自己的工作岗位上勤勉努力，力所能及地为母校的发展做出自己的贡献，如华雁、展凡等等。不论我记述与否，这些人和事都是真实存在过、发生过的。“老三届”校友是南开大学校史中一个特殊的群体，也是不应忘记的一个群体。属于“老三届”的历史舞台或许已经谢幕，但我仍希望我们“老三届”爱国爱校的无悔人生能给后来的南开人以力量和启迪。

我对南开道路、南开精神的理解

南开有一种“越难越开”的坚韧精神

回顾南开近百年的发展历程，我用“先天不足、后天失调”来概括。所谓“先天不足”，众所周知，私立南开大学的办学经费是靠募捐筹措的。当年，北大办学有公款，清华办学有庚款，南开办学是靠校父严修和老校长张伯苓的化缘募捐，是靠社会团体和贤达人士的慷慨捐赠。基金在南开大学早期发展过程中发挥了巨大作用，包括李秀山遗嘱捐助南开大学的创办基金、美国洛氏基金团的多次捐资。南开办学经费不充裕的状况对南开的办学理念、办学方式、办学规模以及学校的经营与管理等都产生深远影响。

所谓“后天失调”，是指南开在发展过程中遭遇到数次的天灾人祸。1937 年，私立南开大学经过近 20 年的筚路蓝缕，正处于蓬勃发展的阶段，但在全民族抗战爆发之初，就遭到日寇的轰炸、火焚，成为战后第一所也是唯一一所被全毁的高等学府。1946 年南开从云南北返复校时，学校几乎就是一片废墟，1947 年我到南开大学学习时，校园里还到处可见日寇毁校的痕迹。“文革”给南开大学带来严重灾难，知识分子受到了极大损害。1976 年，南开大学又受到唐山大地震的波及而遭受损失。这些天灾人祸给南开大学带来了一次又一次深重的灾难和打击。

尽管南开大学面临着“先天不足”的制约，遭遇了“后天失调”的挫折，但南开始终凭着一股“越难越开”的精神奋勇前进。这就是南开走过的道路，跌倒了、爬起来、继续前进，一直到今天津南校区建成，实现振兴和发展，是非常不容易的。南开过去走过的道路虽然艰难曲折，但“越难越开”的坚韧精神也在此过程中得到了磨砺，内化为南开基因。在南开即将迎来建校百年这一关键的发展阶段，南开人仍然要以这种“越难越开”的精神砥砺前行。

南开要传承西南联大的精神

抗战时期，南开大学与北京大学、清华大学合组国立西南联合大学，三校精诚合作，共育英才，这是南开历史上珍贵的荣誉。但我曾听有的校友表示，南开大学对西南联大贡献少，有自卑感，不愿提联大历史，我认为这种说法是错误的。西南联大时期，南开大学虽然人数少、规模小，但是南开有自己的特点，发挥了重要的作用，做出了独特的贡献。

西南联大时期，三校平起平坐，各具特色。黄钰生先生对南开大学的学生管理严格，始终强调三校团结如一，对外统称联大学生。北大自由，清华严肃，南开活泼，这是我当年在重庆考大学时看到的小报上介绍的联大特点，我一直记得很清楚。北大自由，学生穿长袍、戴围脖，《青春之歌》里的人物形象就是典型的北大知识分子装扮；清华严肃，学生要去美国留学，大都是西装革履；南开活泼，学生穿什么衣服的都有。联大时期，南开的各种社团活动非常活跃，这是南开的传统，南开大学和南开中学都鼓励学生参加社团活动，锻炼自己多方面的能力，不要成为书呆子。

南开大学秘书长黄钰生受命担任湘黔滇旅行团指导委员会主席，带领三校300多名师生从长沙步行到昆明。到昆明后，黄钰生先生被任命为西南联大建设长，三校联合在昆明建校，建设任务十分艰巨。申泮文先生曾经告诉我，当时联大有什么难办的事都找黄钰生，他就是“不管部”部长。后来，黄钰生先生又受命担任师范学院院长（现云南师范大学前身）。陈序经先生担任联大法商学院院长，当时，法商学院的规模仅次于工学院。杨石先先生担任理学院化学系系主任，后来还兼任联大教务长。西南联大校歌的曲是张清常先生谱写的，张清常先生是南开大学中文系教授，后来调去支援内蒙古大学。联大结束时，申泮文负责押送三校物资回北方，最后出发的车队就是由他来压队，他是南开大学最后离开昆明的人。

北大、清华、南开在复校后还实行了好几年的联合招生。“文革”结束后，三校曾轮流主办西南联大校庆，南开大学主办过两次，联大校友都积极参加。后来，因联大校友都已上了年纪且集中在北京，故委托清华大学承办。1988

年，为纪念西南联大建校50周年，南开大学曾在马蹄湖西岸树立西南联大纪念碑，碑上刻有黄钰生先生的题词，纪念三校精诚合作、共育人才的佳话。在南开园敬业广场杨石先先生塑像旁原有一小片树林，西南联大校友会和天津的西南联大校友包括何炳林、陈茹玉、申泮文等人都曾在那里植树，学校将其命名为“西南联大林”并镌石铭记。这些都是老一辈南开人为铭记联大历史所做出的努力。

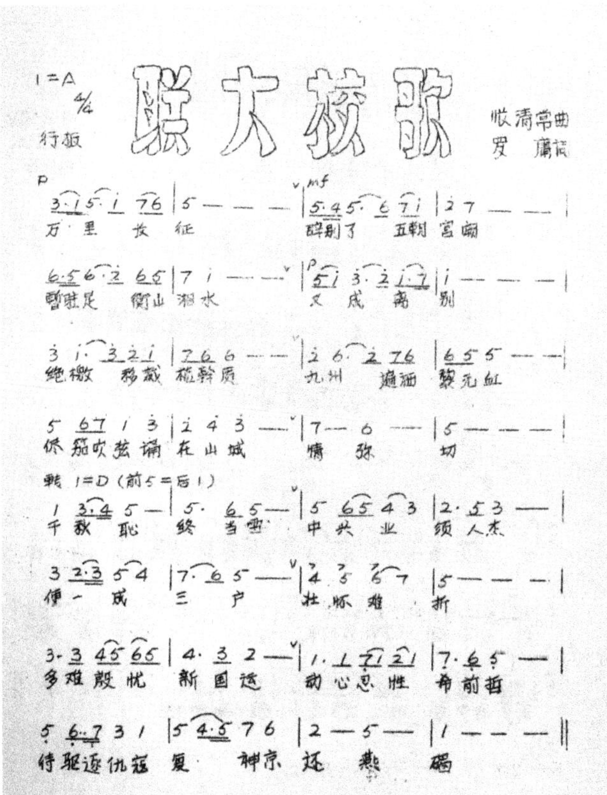

西南联大校歌歌谱，罗庸作词，张清常作曲

现在，西南联大的老人们越来越少了，铭记联大历史、发扬联大传统、传承联大精神需要一代代的南开人来接续完成。我们南开人要正视自己的辉煌历史，加强对西南联大的研究。

1980 年联大歌咏队编印的学生运动歌曲集

记 1992 年南开大学对日索赔事件

南开人当永远铭记校耻日

1937 年中国抗日战争全面爆发后不久，日军占领了天津。7 月 28 日夜至 30 日，驻津日军悍然对南开大学采取飞机轰炸、大炮摧毁、纵火焚烧、进校抢劫等无所不用其极的手段，使南开大学成为战后第一所被日寇毁掠并化为焦土的高等学府。美丽的南开园沦为一片废墟，校产损失殆尽，建筑物被炮火夷为瓦砾，珍贵的图书、档案资料和仪器设备被烧毁、劫掠，刻有整部金刚经的校钟也被抢走，至今杳无音讯。

日本人为什么如此仇恨南开大学？为什么非要有计划、有预谋地毁灭南开？因为爱国是老校长张伯苓教育思想的核心，南开极为重视对学生进行爱国主义教育，南开师生也一直走在爱国抗日的最前列。因此，日本人恨南开，认为南开大学是抗日的基地。

亲历南开被毁那段惨痛历史的老南开人，可以说有着一辈子忘不掉的切肤之痛。对于我们这一代人来说，同样是“国仇”“校难”铭记心头。我出生在 20 世纪 20 年代初，从上小学开始就知道日本。上小学六年，我受到的教育，从思想影响上说，主要内容就是“国耻教育”，从“鸦片战争”“甲午战争”到“济南惨案”等等，知道每次侵略战争的结果都是丧权辱国、割地赔款。那时，每年都有“国耻纪念日”，老师在课堂上讲，有时还组织学生上街游行、呼喊口号，至今难忘。尤其是抗日战争中，我耳闻目睹日军轰炸贵阳、重庆等种种罪行，在我的心目中，日本对我国的侵略永远不能忘记，必须警惕。

1947 年，我到南开大学学习时，看到学校校舍零星分散，有数不尽的断瓦残垣。我们目睹了被日军毁坏的垒球场、木斋图书馆、学生宿舍和只剩下一半的马蹄湖。从那时起，美国就扶持日本，引起我国民众的强烈反对。1948 年 6 月，全国掀起了“反美扶日”的群众运动，我校召开师生座谈会，发表声明。南开同学 200 余人在社团联合组织下，经过严密准备，在本市人口密集的南京路、黄家花园一带，在国民党政府军警监视下，进行了一次突击的“反美扶日”宣传活动，惊动全市，引起了广泛关注。

爱国抗日是南开大学的传统，战时南开为中国而牺牲，这既是南开大学的光荣，也是宝贵的精神财富。但前事不忘，后事之师，南开大学被日寇炮火毁于一旦的历史惨剧，南开学子及后人没齿不忘。

南开大学对日索赔事件始末

1992年，在南开大学被日军轰炸、劫掠55周年之际，部分南开校友和南开创始人的后人，共同发起了向日本政府索赔南开大学（含南开中学、南开女中、南开小学）被侵华日军所毁掠的校产。当时南开向日本提出战争索赔的理由是：南开被日本侵略军毁掠时是私立大学，是靠严范孙先生和张伯苓校长奔波募捐建成的，南开学校既为文化机构，又属私人团体财产，因此应当对其造成的损害承担全部责任。根据私立南开大学抗战期间损失财物统计，当时南开准备向日本提出4.5亿美元的战争赔偿。

当年的对日索赔是由老南开人申泮文先生牵头发动的，获得了吴大任先生的支持，以南开校友总会的名义进行活动。我当时是校友会负责人，亲身参与了此事，因此对情况了解得比较详细。

申泮文先生是全国政协委员，他在1992年召开的政协七届五次会议上提出了“关于允许民间个人和民间团体向日本国政府索要战争损失赔偿”的提案稿，引起与会委员的普遍反响，并最终形成政协正式提案。此后，《中国化工报》率先发表了报道《索赔提案诞生记》，在海内外引起了较大反响。

此举得到了很多老南开人、严家和张家后人以及南开校友的大力支持。以南开校友总会的名义成立了“对日索赔南开被毁掠校产发起委员会”，作为民间索赔团体，准备向日本政府提出索赔。南开人在《发起人宣言》中义正词严地表明：

> 按照国际公法，南开大学作为日本侵华战争的民间受害者，完全有向日本政府索赔的权利，而日本政府不论从应负的法律责任和道义责任，也都应该主动向南开大学道歉并赔偿受害损失。
>
> ……
>
> 我们一致认为，向日本政府要求赔偿南开大学被毁掠校产，义在当为，刻不容缓。这不仅仅是为了挽回物质损失，更是为了伸张正义、维护国际公法与公理。而只有遵循国际公法与公理，才能使中日两国人民真正建立和巩固平等友好的睦邻关系。

申泮文先生当年曾直言："索赔问题是有风险的。"尽管如此，37 位南开人（包括严家和张家后人）还是毫不犹豫地、郑重地签下了自己的名字联名索赔。这是一个老中青结合的队伍，可以说，"对日索赔南开被毁掠校产发起委员会"成员签名单上，记载的是三代南开人的心愿。

当时按照分工，吴大任先生和申泮文负责联系南开校友，我负责对外联系和与校领导沟通，我校中文系教师刘福友负责办理具体事务。刘福友曾参与过多次索赔案件，比较有经验，而且为人富有正义感。在当时搞索赔确实是有风险性的，我们就采取多种活动方式，以免被人注意。

尽管我们当时做了很多准备和努力，但 1992 年正值中日邦交正常化 20 周年，日本天皇在当年对中国进行了正式友好访问。在那种政治形势下，我们的对日索赔似乎显得“不合时宜”，因此没有得到有关领导部门的支持，最后不了了之。如今，当年联名索赔的老南开人大部分都已经不在了，这是我们这些人心中一个未了却的遗憾。

对日索赔南开大学被毁掠校产
发起人宣言

我们部分南开校友和南开创始人的遗族，共同发起向日本政府索赔南开大学（含南开中学、南开女中，下同）被侵华日军所毁掠的校产。

1937年7月28日，日军占领天津。29日拂晓至30日夜晚，占领天津的日本“北支驻屯军”在司令官香月清司的指挥下，以大炮、飞机对南开大学进行狂轰滥炸，轰炸之后又继以抢劫，抢劫之后再纵以焚烧，后又派浇煤油纵火焚烧，美丽的南开园顿成一片火海。当时，天津已经被日军完全占领，南开校园中从未有任何中国武装和军事设施。侵华日军这种置国际公法于不顾，悍然毁灭和平的高等学府及其系统教育设施的暴行，在人类文明史上实属罕见，历史将永远记下他们的可耻罪行！

南开大学遭日军轰炸、劫掠，校产损失殆尽。大学部的“秀山堂”、“思源堂”、“木斋图书馆”、“芝琴楼”，学生宿舍楼、教职员住宅，以及中学部的教学南楼、宿舍西楼、女中部的教学楼，均被毁或夷为废墟瓦砾。中外文书刊30余万册及各学科的全部仪器设备和教具桌椅，均被焚毁、劫掠（其中部分图书、仪器在南开被炸前虽已转移出校，但在向昆明转运途中，至越南海防港，又被日军悉数劫掠），战后仅找回西文图书461册，现书中留有这样的印记：“民国26年此书被日寇劫去胜利后由东京收回刊此以资纪念”。铜铸校钟，重1万3千斤，钟面铸有金刚经全文，亦被日军掠走。

南开大学是严范孙、张伯苓先生创办的私立学校，当时被日军所毁掠的校产为私人团体财产。按照国际公法，南开大学作为日本侵华战争的民间受害者，完全有向日本政府索赔的权利，而日本政府不论从应负的法律责任和道义责任，也都应该主动向南开大学道歉并赔偿受害损失。然而，由于各种复杂的历史原因，南开大学被日军轰炸、劫掠这一震惊中外的历史事件，至今仍是一桩悬案，加害者从未作出

对日索赔南开大学被毁掠校产发起人宣言

南开发起对日索赔因当时的政治形势不允许而告终。现在情况发生了变化，对日本的动作，中央有警觉，但有

的老百姓却麻木。记得在2015年初，日本降低了汇率，结果引发大批中国游客到日本扫货、抢购智能马桶盖的事件。日本这一举动，一方面缓解了本国的经济危机，一方面拉拢了中国民心。这些买卖日货并从中获利的人还能记得过去我们有多少同胞死在日寇的枪口下吗？恐怕没有这个概念了。

我当时看到这个消息，感到非常恼火。中国人到日本抢购马桶盖，导致马桶盖脱销，说起来是笑话，其实是中国人的耻辱。在历史上，从明朝开始倭寇不断侵犯中国，每个朝代都为祸患，一直到今天。我们都是过来人，对此深有体会。近年来，日本右翼势力在美国的支持下，不断在我国固有领土钓鱼岛和南海挑起事端，美日订立“军事同盟”，明目张胆地企图围堵我国。回顾历史，美国扶持日本，从抗日战争结束后就已开始，例如包庇战犯、将我国领土钓鱼岛划归日本管理等种种倒行逆施的行为，引起我国民众强烈反对。

日本处于大陆板块边缘，又是个岛国，国土狭小，人口众多，资源匮乏。日本的地理环境和资源条件决定了它有很强的危机感，再加上天皇的政治制度和武士道精神，决定了它必然要走向外扩张的道路。日本人深深感觉自己处境困难，可我们有些中国人对此缺乏应有的警觉，实在令人心忧。我认为我国政府应适时采取必要的应对措施，也要提醒国人勿忘国耻！

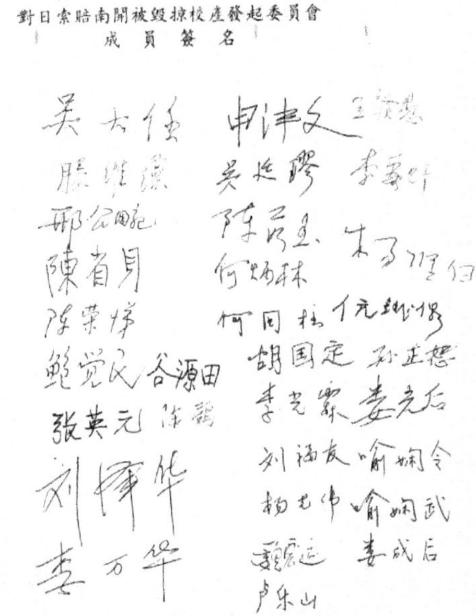

對日索賠南開被毁掠校產發起委員會

成 員 簽 名

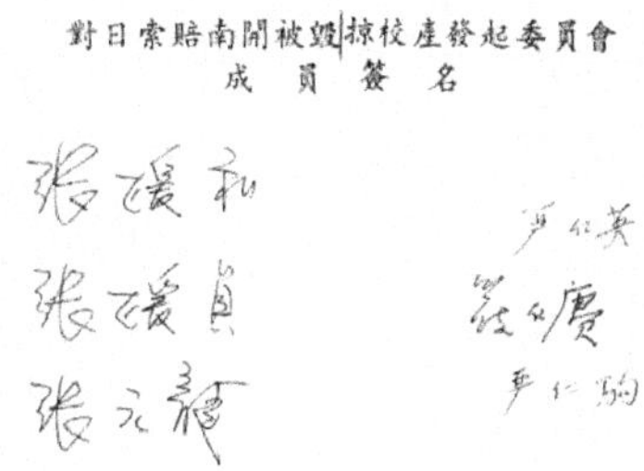

對日索賠南開被毁掠校產發起委員會

成 員 簽 名

对日索赔南开被毁掠校产发起委员会成员签名

后　记

李万华先生是位名副其实的老南开人。他于 1946 年考入南开大学，毕业后留校工作，离休后也从未离开，至今已在南开逾七十年。2015 年初，李先生通过南开大学离退休人员管理处联系校史研究室，表达了他想要谈谈校史的愿望，希望我们能安排一个专人去听并帮助他整理，彼时李先生已年逾 90 岁高龄。在后来的接触中，我深切地体会到，李先生之所以想谈校史，是缘于他作为一个老南开人的责任感以及由此而产生的一种时不我待的紧迫感。

对李先生的访谈基本是每周一次，每次时间约为两个小时。那段时间李先生是很辛苦的，他每天大约凌晨 3 点就会醒来，醒来后就再难以入眠，便开始回想他在南开大学经历的人与事，思考有哪些资料可以提供给我们。李先生说，谈校史是他的一个宏愿，希望对于南开历史上发生的事情、为南开做过贡献的人物，后人可以了解得更多一点。这些事情除了李先生亲身经历的，还包括他从杨石先、吴大任等老一辈南开人那里了解到的。所有这些，都弥足珍贵。

对这项工作我不敢懈怠，现在回头去看，两年的时间里我去李先生家里进行访谈的次数竟达45次之多，并在李先生允许的情况下保留了较为完整的录音资料。在整理资料过程中，我会定期交给李先生历次谈话的内容提要和专题稿件，到访谈工作全部结束时先后提交了文字稿、配图稿，到终稿成型时已是三易其稿。李先生对每份稿件都认真审阅，有错漏不当之处及时订正、补充。李先生的老伴王端菁老师（“老三届”校友、毕业后留校任行政干部）对此项工作也是大力支持。他们夫妇二人对每份稿件都要分别仔细读上好几遍，除了确保所述史实无误外，对人名、地名、时间等细节之处都要核实，对个别拿不准的用词还要查阅词典。如今，文稿累积已有厚厚一摞，可以说全部书稿都浸透着李先生的心血，我们深深被李先生的精神所感动。

书成，有三个特点值得记述，这也是我对李先生进行校史访谈的切身体会。其一，李先生所谈校史多有相关资料作支撑。李先生对资料的留存很重视，他有记工作日记的习惯（中华人民共和国成立前的、校办工作时期的、经济学院工作时期的日记，除人为损坏部分，保存得较完整），且因他多年从事校友会工作的关系，不少校友将自己保存的资料也转交给了他。本书中收入的图片均是选取自李先生提供的文字资料与照片。李先生说，与其说他是谈校史，不如说他是校史资料提供者，他所提及的事件、人物等都是有据可查的。其二，李先生对自身经历谈得不多，但对为南开做过贡献的师长、同事、校友，都尽量不遗漏，令人敬佩。其三，作为在南开大学度过了七十载的老南开人，李先生除了讲述他所经历的人与事外，还谈到了很多自身的感悟及体会。这些思考经过了岁月的沉淀，发人深省且弥足珍贵。事实上，李先生所谈内容并不止于此，收入本书的是与南开大学校史紧密相关的部分，还有部分漫谈内容，在李先生建议下没有收入。

对李先生的校史访谈作为校史研究室启动“老南开口述史料抢救工程”的第一步，从访谈伊始便得到主管校领导的重视和支持。同时本书亦是由我主持的天津市哲学社会科学研究项目（项目编号：ZX20160091）成果。校史研究室的张健、张鸿两位老师对此项工作也是大力支持、热情参与，多次与我一起拜访李先生，听李先生讲校史。可以说，访谈工作的顺利进行与他们的指导、支持和鼓励是密不可分的，在此一并致谢。

徐悦

2017 年 11 月于南开大学